Jutta Resch-Treuwerth

Vierzehn geworden

Fotos von Hans-Jürgen Horn

Jutta Resch-Treuwerth

Vierzehn
geworden

Verlag Neues Leben
Berlin

ISBN 3-355-00487-1

© Verlag Neues Leben, Berlin 1987
Lizenz Nr. 303 (305/188/87)
LSV 9192
Einband: Hans-Jürgen Horn/Christel Ruppin
Typografie: Christel Ruppin
Schrift: 10 p Maxima mager
Gesamtherstellung: Karl-Marx-Werk Pößneck V 15/30
Bestell-Nr. 644 288 3
00920

Reifezeit

Wilde Träume in der Nacht • Als Jungfrau zugewachsen?
Wenn die Pickel sprießen • Gewissensbisse wegen
Selbstbefriedigung • Gegenseitig befummeln?
Wann bekomme ich meine Tage? • Wird während der
Regel Schlechtes ausgeschieden? • Alles eine Nummer
zu klein geraten • Kummer- oder Jungfernspeck? • Nackt vor den Eltern zeigen? • Wie waschen
sich Mädchen und Jungen unten und oben rum? • Verführt Offenheit zum Sex? • Was sollte man über Geschlechtskrankheiten wissen?

•

Schon wieder mal nicht abgewaschen

Was soll ich denn noch alles machen? • Wenn die
Schwester eine Petze ist • Sind die Eltern zu streng?
Kindermädchen für die kleine Schwester?
Das Taschengeld durch Zugriffe aufbessern? • Immer
mit in den Garten? • Alle meckern rum • Eine Freundin
mit schlechtem Ruf • Müssen Schwestern alles teilen?
Immer pünktlich zum Abendbrot? • Nur noch für die
Prüfung pauken? • Nach der 8. Klasse abgehen?
Oma platzt vor Neugier • Das Elternhaus verloren?
Richtige und falsche Eltern? • Auf den Stiefvater
nicht hören? • Mutti ist alleinstehend

•

Wer bin ich?

Wie finde ich Freunde? • Unsere Klasse ist gespalten
Eines jeden Freund sein? • Warum kann mich keiner
leiden? • Was schreibe ich in mein Tagebuch?
Die besten Freunde wegschnappen lassen? • Das ist
doch alles „Spinne" • Rot anlaufen wie eine Tomate
Ich bin ein Popper-Mädchen

•

Ich bin verknallt

Wann beginnt die Liebe? • Jeden Tag treffen?
Auf den besseren Weg helfen? • Freundschaft als
Aufgabe? • Unglücklich verliebt • Einen Jungen angeln?
Der Freundin einen Freund besorgen? • Wenn der
Freund schon 18 ist • Wie wird Schluß gemacht? • Fum-
meln unter der Bettdecke • In der Schule dumm tun?
Einfach auf taub schalten? • Treibt sie nur ein Spiel?
So eine Angeberin • Einen Jungen total verrückt
machen? • Für den Lehrer schwärmen? • Wann küßt
man richtig? • Wann sollte man mit einem Jungen
schlafen? • Angst vor Schwangerschaft

•

Schon lange kein Kind mehr

Wie wird man erwachsen? • Kann ich nicht werden, was
ich will? • Ganz auf sich gestellt? • Mit den Hühnern
ins Bett gehen? • Eine eigene Fete? • Schadet denn ein
Gläschen? • Wie feiere ich meine Jugendweihe?
Ist die Disko meine Welt? • Vom Jugendweihegeld selbst
etwas kaufen? • Warum ist Rauchen schick?
Den Freund mit nach oben nehmen?

•

Reifezeit

★ Das Wort klingt wie ein Vorwurf, manchmal auch wie eine Entschuldigung. Und wie es sich anhört: Pubertät! Irgendwie häßlich, wie eine Krankheit, mit der man nichts zu tun haben möchte. Viele wollen damit zum Ausdruck bringen, daß Ihr noch nicht ganz fertig seid, grün hinter den Ohren, wie sie sagen.

Ganz einfach übersetzt heißt das nichts weiter als Entwicklungszeit. Es ist die Phase im Leben eines jeden Menschen, wo das Mädchen zur Frau, der Junge zum Mann reift.

Eine schöne Zeit also, diese Reifezeit. Ich denke da an gelbe Kornfelder, an heiße Sommertage, an Kirschen und Erdbeeren, an pralle Äpfel, die gepflückt werden möchten.

Vollziehen sich nicht gerade auch in Eurem Körper Vorgänge, die alles bisher Gewachsene abrunden, vollenden, zur Blüte treiben? Diese Prozesse zu beobachten, bewußt zu erleben und Einfluß darauf zu nehmen kann sehr aufregend sein. Mit der Ausreifung des Körpers wachsen auch die Ansprüche an Freunde, Eltern und Lehrer. Immer mehr denkt man über sein Leben nach und wie die eigenen Wünsche in unserer Gesellschaft zu verwirklichen sind. Zuerst muß sich aber jeder selbst kennenlernen, muß über die Veränderungen im Innern und Äußeren Bescheid wissen.

Ich will jetzt weder eine Biologiestunde noch eine Moralpredigt einläuten. Wir wollen ein paar ganz wichtige Fragen, die man manchmal so mit sich herumschleppt, ganz offen aussprechen.

Wilde Träume in der Nacht

Manchmal bekomme ich im Bett, also in der Nacht, wenn ich schlafe, weiße Flüssigkeit in die Hose. Was ist das, und kommt das jetzt immer wieder?

Enrico, 14 Jahre

Lieber Enrico!

Ich denke, Du weißt, daß es sich bei der weißen Flüssigkeit um einen Abgang von Samenzellen aus Deinem Körper handelt. Vielleicht hast Du auch schon mal etwas von einem unwillkürlichen Samenerguß oder der Pollution gehört. Das bedeutet, daß der Samenabgang ohne eigenes Zutun, also ob man es will oder nicht, vonstatten geht. Mancher Junge nimmt diesen Vorgang, so wie Du, gar nicht richtig wahr. Andere aber träumen dabei und haben sehr schöne Gefühle.

Diese Samenentleerung ist ein wichtiges Signal für Dich. Auf diese Weise teilen Dir nämlich Deine Geschlechtsorgane mit, daß sie funktionieren. So gesehen ist der erste unwillkürliche Samenerguß für den Jungen genauso ein markantes Zeichen der Geschlechtsreife wie für ein Mädchen die erste Regelblutung.

Komisch ist nur, daß Mädchen auf diese natürlichen Reifungsprozesse sehr gut vorbereitet sind, meist sogar auf die erste Regelblutung warten. Auch die Jungen wissen über die Geschlechtsreife der Mädchen gut Bescheid. Oft viel besser als über die eigene körperliche Entwicklung.

In Gesprächen mit Jungen habe ich schon oft erlebt, daß sie die nächtliche Samenentleerung zunächst nicht zu deuten wissen und sich ein wenig schämen, kommt man darauf zu sprechen. Wahrscheinlich versäumen auch viele Eltern, dem Sohn die Entwicklung seiner Geschlechtlichkeit ausführlich zu erläutern. Bei den Mädchen ist das immer noch zwingender, weil sich mit ihrer Geschlechtsreife bei den Eltern sofort der Gedanke an eine zu frühe Schwangerschaft verbindet. Jungen bekommen keine Kinder, aber das heißt doch nicht, daß sie deswegen unwissender, verantwortungsloser sein dürfen. Schließlich kann ein geschlechtsreifer Junge ein Kind zeugen. Und ohne seine Spermien wird kein Mädchen schwanger.

Aber wir müssen noch klären, wie die unwillkürliche Samenentleerung zustande kommt, damit Du nicht weiterhin befürchtest, bei Dir sei etwas nicht in Ordnung. Angeregt von Hormonen, die in der Reifezeit aktiver werden, beginnen die Hoden nun ständig Keimzellen zu produzieren. Diese werden dann im Nebenhoden gesammelt. Ist das Maß voll, kommt es zur spontanen Gliedversteifung und zum Ausstoßen des Samens. Es gibt für diese Vorgänge keine Regelmäßigkeit, und ihre Häufigkeit ist von Junge zu Junge — wie auch von Mann zu Mann — verschieden.

Mit zunehmender Reifung auch der übergeordneten Steuerungszentren im Zwischenhirn und sexueller Aktivität lassen solche spontanen Reaktionen wieder nach. Trotzdem passiert es auch ausgewachsenen Männern, daß sich bei langer sexueller Enthaltsamkeit eine Samenentleerung des Nachts ganz von selbst vollzieht.

Als Jungfrau zugewachsen?

Ich leide seit einiger Zeit an starken Unterleibsschmerzen und möchte gern mal zum Arzt gehen. Aber ich bin noch Jungfrau. Kann er mich da überhaupt untersuchen?

Meine Mutter möchte ich nicht fragen, sonst denkt sie gleich sonst etwas.

Ines, 15 Jahre

Liebe Ines!

Sehr viele Mädchen in Deinem Alter glauben, daß man den Frauenarzt erst aufsuchen kann, wenn man den ersten Geschlechtsverkehr hatte. Damit verbindet sich die Vorstellung, daß eine Untersuchung nur dann möglich wird, wenn das Jungfernhäutchen vor dem Scheideneingang zerstört ist. Denkt man ein bißchen intensiver über Funktion und Bau der eigenen Geschlechtsorgane nach, kommt man schnell darauf, daß ja wohl der Scheideneingang bei einer Jungfer nicht völlig verschlossen sein kann. Wie sollte sonst das Menstrualblut abfließen? Es ist auch nicht verwerflich, den eigenen Körper etwas näher zu untersuchen. Ich meine, daß man beim Befühlen der Scheide selbst feststellen kann, daß da unten eine kleine offene Stelle ist.

Das Jungfernhäutchen, das der Arzt auch Hymen nennt, bedeckt immer nur einen Teil der Scheide. Es bietet somit im Verlauf der kindlichen Entwicklung einen gewissen Schutz vor Infektionen für die inneren Geschlechtsorgane. Diese Meinung, man könne erst nach dem ersten Geschlechtsverkehr zum Frauenarzt gehen, birgt sogar eine große Gefahr in sich. Dies hieße ja, daß man erste sexuelle Erlebnisse ohne sicheren Schutz vor Schwangerschaft erleben muß. Die Pille kann schließlich nur der Arzt verschreiben, und davor ist eine Untersuchung nötig. Wer also Reife und Verantwortungsbewußtsein besitzt und für sich, den Partner und die Eltern kein Risiko eingehen will, muß, egal wie alt, als Jungfer den Frauenarzt aufsuchen. Aber nicht nur deswegen ist eine Konsultation beim Gynäkologen notwendig.

Es kann auch bereits im Kindes- und frühen Jugendalter zu Erkrankungen der Geschlechtsorgane kommen, die unbedingt ärztlich behandelt werden müssen. Dazu zählen vor allem Entzündungen im Scheidenbereich sowie an den Eierstöcken. Manche jungen Mädchen leiden schon unter starkem Ausfluß, der Brennen und Juckreiz verursacht. Besondere Probleme bereiten meist das zu frühe oder zu späte Einsetzen der ersten Regelblutung sowie ständig starke Schmerzen während der Menstruation. Das alles können und sollten sogar Gründe sein, einen Frauenarzt aufzusuchen. In einer Reihe von Polikliniken der DDR gibt es bereits spezielle Sprechstunden eines Kinder- und Jugendgynäkologen. Aber auch jeder andere Frauenarzt ist in der Lage, eine sehr vorsichtige Untersuchung der inneren und äußeren Geschlechtsorgane vorzunehmen.

Die Tastuntersuchung, bei der sich der Arzt zum Beispiel einen Eindruck von der Lage und dem Entwicklungsgrad der Gebärmutter und der Eierstöcke verschafft, kann über die Scheide, aber auch über den After erfolgen. Wenn man also nicht mit übertriebenen Ängsten und Schamgefühlen in die Sprechstunde geht und sich dann natürlich bei der Untersuchung nicht verkrampft, tut es nicht weh. Auch die wichtigtuerischen Reden altkluger Mädchen, die den Untersuchungsstuhl wie eine Art Monster darstellen, muß man nicht ernst nehmen. Eine Schwester, die dem Arzt assistiert, hilft jeder Patientin dort hinauf und sagt Dir auch genau, wie Du Dich hinlegen mußt. Es ist doch keine Schande, eine Sache zum erstenmal zu machen. Das kannst Du übrigens gleich bei der Aufnahme Deiner Beschwerden sagen, damit sich der Arzt sofort auf Deine Situation einstellt. Wichtig für den Arzt sind genaue Angaben über Dauer, Häufigkeit und Heftigkeit Deiner Schmerzen sowie ein übersichtlicher Regelkalender. Und nicht den Versicherungsausweis vergessen.

Laß mich trotzdem noch ein Wort zu Deiner Mutter sagen. Ich glaube, Du mußt selbst Hemmungen ihr gegen-

über abbauen. Manchmal merkt eine Mutter es nicht so richtig, daß aus der Tochter bereits ein junges Mädchen mit eigenen Intimproblemen geworden ist. Du solltest darum unbedingt versuchen, mit ihr über Deine Beschwerden zu reden. Schön wäre nämlich, wenn sie Dich doch beim ersten Besuch des Frauenarztes begleitet. Schließlich hat sie mit dem Untersuchungsablauf Erfahrung und kann Dir helfend zur Seite stehen. Verpflichtet bist Du natürlich nicht, die Mutter mitzubringen.

Wenn die Pickel sprießen

Ich habe seit einiger Zeit sehr viele Pickel im Gesicht und auf dem Rücken. So wie ich sehen aber nicht alle in meinem Alter aus, denn es heißt doch immer, das sei entwicklungsbedingt. Ich habe mal gehört, daß mit dem ersten Geschlechtsverkehr die Pickel weggehen. Trifft das auch für den Jungen zu?

Sylvia, 15 Jahre

Liebe Sylvia!

Eine reine oder unreine Haut hat natürlich weder mit dem ersten Geschlechtsverkehr etwas zu tun, noch ist sie überhaupt an das Geschlechtsleben gebunden. Solche „Weisheiten" sind einfach dummes Geschwätz von Leuten, die in jeder Situation gern auf das sogenannte Thema 1 zu sprechen kommen.

Viele Pickel, die das Krankheitsbild der Akne ausmachen, sind an den fettigen Hauttyp gebunden. Darum beobachtest Du, daß manche jungen Leute in Deinem Alter mehr, manche weniger und eine Reihe gar nicht von dieser lästigen Pubertätserscheinung befallen sind. Es hängt aber auch von der Pflege der Haut und einer gesunden Lebensweise ab, ob Pickel sich ausbreiten können und auffällig werden.

Wenn auch zutrifft, daß in der Pubertät Hormone wirken, die für das Sprießen von Mitessern verantwortlich sind, so muß man sich solchen unangenehmen Begleiterscheinungen nicht gar so hilflos ausliefern. In den Jugendjahren reifen die Talgdrüsen aus, und es kommt zu einer Verhornung der Hautporen. Die Hornpfropfen verstopfen die Poren und werden durch Oxydation dunkel. Wir sehen dann überall Mitesser. Unqualifiziertes Ausquetschen sowie Unsauberkeit können schnell zu Entzündungen führen. Ebenso falsch ist der oft gehörte Ratschlag, gar nicht zu drücken. Die Mitesser müssen entfernt werden, damit der Talg abfließen kann. Mit heißen Kompressen, die auch aus Kamillentee hergestellt werden können, wird die Haut erweicht. Anschließend darf mit zellstoffumwickelten Fingern gedrückt werden. Mit Sulfoderm-Puder oder schwefelhaltigem Gesichtswasser kann man zum Abklingen von Entzündungen beitragen. Diese Art der Hautpflege sollte in der Entwicklungszeit bei Mädchen und Jungen zum täglichen Programm gehören, und es darf nicht bei jedem zufälligen Blick in den Spiegel im Gesicht herumgedrückt werden.

Wer für Mitesser anfällig ist, sollte zur Hautreinigung Episan, normale flüssige Seifen, Babyseife, Sküs-Gesichtswaschcreme oder Hamamelismilch verwenden. Natürlich ist es nicht sehr günstig, die Poren anschließend wieder mit Puder oder Make-up zu verschmieren. Eine natürliche Bräunung der Haut durch die Sonne bringt auch der Akne oft schnelle Heilung. Als Sonnenersatz kann vorschriftsmäßige UV-Bestrahlung dienen.

Bei vielen Mädchen kündigt sich häufig mit Pickeln die Menstruation an. Diese Erscheinung kann über die Pubertät hinaus erhalten bleiben. Verursacher ist hier das Gelbkörperhormon, das in der zweiten Zyklushälfte, also nach dem Eisprung, ansteigt und eine männliche Hormonkomponente beinhaltet. Junge Mädchen, die bereits ein hormonelles Schwangerschaftsverhütungsmittel (Pille) nehmen, können mitunter eine positive Wirkung des Medikaments auf häufige Pickel feststellen, da einige Präparate die männliche Komponente der eigenen Hormone abschwächen. Zumindest ist es ratsam, bei einer Konsultation des Frauenarztes wegen der Pille auch die unreine Haut mit ins Gespräch zu bringen.

Ansonsten gehört natürlich die Behandlung einer schweren Akne in die Sprechstunde des Hautarztes. Viele Jugendliche zögern diesen Schritt viel zu lange hinaus, weil sie sie für eine vorübergehende Jugenderkrankung halten, die allein zurückgeht. Starke Pustel- und Knötchenbildung mit Vereiterungen sind aber weder ein schöner Anblick für andere, noch steigert ein solcher Zustand das eigene Wohlbefinden. Oft leben junge Leute mit so auffälligen Hauterscheinungen ganz isoliert und haben außerordentliche Kontaktprobleme. Wenn man also in seiner Umgebung Mädchen oder Jungen kennt, die sich mit vielen Pickeln herumquälen, sollte man nicht wegschauen, sondern ganz offen mit ihnen über kosmetische Beratung oder Behandlung bei einem Hautarzt reden.

Gewissensbisse
wegen Selbstbefriedigung

Seit einem Jahr befriedige ich mich selbst. Zuerst fand ich es interessant. Doch ich möchte schon seit langem davon loskommen. Aber das ist schwer. Ich komme immer wieder von meinen Vorsätzen ab und mache weiter. Mit meinen Eltern habe ich noch nicht darüber gesprochen, denn ich weiß nicht, wie sie es auffassen würden. Manchmal habe ich sogar ein schlechtes Gewissen meiner Freundin gegenüber. Sie ahnt nichts davon. Aber wie soll es dann später bloß werden?

Ingo, 15 Jahre

Lieber Ingo!

Deine Beunruhigung scheint mir verständlich. Schließlich hast Du entdeckt, wie man sexuelle Gefühle befriedigen kann. Und Du hast die Erfahrung gemacht, daß das ein ungeheuer entspannender Moment ist, daß sich der Genuß beliebig wiederholen läßt. Das ist schon merkwürdig, und fast jeder fragt sich zuerst, ob das überhaupt erlaubt ist.

Dazu gesellen sich ganz negative Auffassungen, die da lauten, man könne es mit der Selbstbefriedigung übertreiben und durch übermäßigen Samenverlust später impotent werden. Es ist auch zu hören, daß dadurch die körperliche Entwicklung geschädigt und triebhaftes Sexualempfinden gefördert wird. Dieser ganze Unsinn stammt aus Zeiten, in denen Sexualität im Jugendalter generell verboten war. Wenn solche Drohungen auch natürliches körperliches Empfinden nicht total unterdrücken konnten, so erzeugten sie zumindest ein schlechtes Gewissen, das nicht selten durch Verklemmungen und Ängste tatsächliche Störungen im späteren partnerschaftlichen Leben zur Folge hatte. Obwohl sich unsere Auffassungen zum Sexualverhalten Jugendlicher sehr verändert haben, ist davon immer noch ein kleiner Rest hängengeblieben. Es könnte ja vielleicht doch etwas dran sein.

Eltern nehmen ungern zu dieser Erscheinung Stellung, und wenn sie etwas bemerken, sind sie unsicher, ob sie nun einschreiten sollen oder nicht. Manchmal entdecken ja auch schon ganz kleine Kinder, daß es Spaß macht, an den Geschlechtsorganen zu spielen. Wenn diese Reizungen mit der Hand auch noch nicht mit sexuellen Phantasien verbunden sind, also daß sich ein Junge dabei zum Beispiel vorstellt, mit einem Mädchen zu schlafen, so sind auch bei ihnen orgastische Reaktionen möglich. Sprechen Eltern in einer solchen Situation Verbote aus oder werten das Ganze als primitiv und schmutzig ab, wird sexuelles Empfinden frühzeitig in die Heimlichkeit verbannt.

Nun möchte ich Deinen Eltern nicht unterstellen, daß sie genauso wie eben beschrieben denken. Daß Du es jedoch nicht ganz unbefangen wagst, ihnen Deine wichtigen Fragen zum sexuellen Verhalten zu stellen, zeigt zumindest, daß sie sich als Gesprächspartner selbst nicht anbieten und in Eurer Familie wahrscheinlich auch ansonsten solche Themen nicht erörtert werden. Ich würde ihnen jetzt, da Du bereits 15 Jahre alt bist und Dir anhand von Wissen eine eigene Meinung bilden kannst, derart intime Fragen auch nicht mehr aufdrängen. Es kämen für beide Seiten gewiß nur Peinlichkeiten heraus. Auch mit Deiner Freundin mußt Du nicht unbedingt darüber reden.

Ich will Dir diese Zurückhaltung nicht auferlegen, weil Selbstbefriedigung nun vielleicht doch eine zwiespältige Angelegenheit ist. Es ist wirklich eine ganz normale Erscheinung, sich lustvolle Entspannung zu verschaffen, ein körperliches Bedürfnis zu befriedigen, aber es ist und bleibt eine Sache, die man nur für und mit sich selbst erlebt. Sie gibt eine kleine Vorahnung davon, wie es sein kann, mit einem Mädchen Geschlechtsverkehr zu haben, aber beides ist dennoch nicht miteinander zu vergleichen. Es fehlt nämlich die tiefe Verbundenheit mit einem Menschen, den man liebt, das unbedingte Wollen, den anderen glücklich zu machen. Darum ist Dein schlechtes Gewissen gegenüber Deiner Freundin ganz überflüssig,

denn Du nimmst mit Deiner Selbstbefriedigung Euch beiden nichts weg.

Nun kann man natürlich mit einem Mädchen auch über Selbstbefriedigung sprechen, denn das ist keine ausschließliche Männersache. Auch Mädchen entdecken, wo sie reizbar sind, und können bei sich selbst einen Orgasmus erzeugen. Aber sie sind noch viel weniger als Jungen bereit, das anderen zu erzählen, denn wenn Mädchen sexuell aktiv sind, finden das viele Leute doch immer noch etwas unanständig. Man muß in einer Partnerbeziehung sehr gut einschätzen können, wie weit das Vertrauensverhältnis schon ausgeprägt ist. Wenn Jungen da plötzlich aus heiterem Himmel von ihrer Selbstbefriedigung reden, dann kann sich ein Mädchen bedrängt fühlen, es müßte gar glauben, daß Geschlechtsverkehr den Jungen davon erlösen kann.

Sicher ist es so, daß intime Beziehungen zum anderen Geschlecht die Lust auf Selbstbefriedigung etwas zurückdrängen, aber beide Formen sexueller Befriedigung können durchaus nebeneinander bestehen, und das muß nicht nur in der Pubertät so sein. Wichtig scheint mir, daß man beides richtig einordnen und bewerten kann, dann braucht man auch nicht zu befürchten, daß die Selbstbefriedigung später das partnerschaftliche Empfinden behindert.

Gegenseitig befummeln?

Ich habe einen prima Freund, mit dem ich den größten Teil meiner Freizeit verbringe. Er besucht dieselbe Klasse wie ich. Unsere Leistungen sind guter Durchschnitt. Wir gehen gern in den Wald, um Tiere zu beobachten. Dabei unterhalten wir uns natürlich auch über andere Dinge des Lebens. Einmal fragte mich mein Freund, ob ich mir schon mal einen runtergeholt hätte. Ich gab ihm zu verstehen, daß das manchmal vorkomme. Da meinte er, daß es doch mal was anderes sei, das gegenseitig zu tun. Erst wollte ich nicht. Aber schließlich war ich auch neugierig. Als wir begannen, fühlte ich eine ungeheure sexuelle Erregung. Manchmal, wenn wir uns treffen, tun wir es wieder. Nun habe ich die Befürchtung, daß wir beide homosexuell werden könnten.

Jürgen, 15 Jahre

Lieber Jürgen!

Wir haben gerade über Selbstbefriedigung gesprochen. Das, was Du mit Deinem Freund erlebst, ist im Prinzip nichts anderes. Es kommt den Empfindungen beim Geschlechtsverkehr nur insofern näher, weil der Orgasmus von einem anderen ausgelöst wird. Das kann reizvoller sein, als wenn man es selber tut. Es passiert häufig, daß Jungen untereinander sehr freimütig über ihre Sexualität

24

reden. Oft geschieht das sogar in etwas drastischer Weise und wird mit entsprechenden Ausdrücken unterlegt. Hier tun sich besonders Jungen hervor, die überhaupt gern auf den Putz hauen. Sie glauben nämlich, daß Männlichkeit allein etwas mit sexueller Leistungskraft zu tun hat. Manchmal setzt dieses Protzen mit der „Manneskraft" schon sehr früh ein. Sicher kennst Du auch Jungen, die Wettbewerbe zum Weitpinkeln ausriefen oder die gern mit ihrem großen Glied angeben. Da sich Jungen auch ganz ungezwungen auf der Toilette verhalten, sie urinieren nebeneinander vor den Augen anderer, haben sie wahrscheinlich überhaupt nicht soviel Respekt vor diesen Körperregionen bei Artgenossen. Das erleichtert etwas den von Dir beschriebenen sexuellen Kontakt im Jugendalter.

Gegenseitige sexuelle Befriedigung ist zunächst eine ausgesprochene Pubertätserscheinung, die mit Homosexualität noch nichts zu tun haben muß. Solche gelegentlichen Erlebnisse werden völlig vergessen, wenn sich zu den sexuellen Vorstellungen noch mehr körperliche und geistige Reife gesellt hat. In diesem Entwicklungsstadium wird dann ein Junge zunehmend von der erotischen Ausstrahlungskraft der Mädchen gefangengenommen, und auch er wird mit sichtbarer Männlichkeit, die sich in Statur, Größe und im Verhalten bemerkbar macht, ein lohnendes Objekt der Werbung junger Damen. Spätestens dann will man mit den Spielereien unter Jungen nichts mehr zu tun haben.

Bei aller hier geäußerten Unbedenklichkeit gegenüber dieser Form der Befriedigung kann ich Dir trotzdem nicht empfehlen, den Wünschen Deines Freundes immer wieder nachzugeben. Ich glaube nämlich, daß Ihr damit Eure Freundschaft an einen toten Punkt bringt und Du vielleicht sogar in eine gewisse Abhängigkeit seiner ständigen Initiativen gerätst. Irgendwann wird die ganze Sache peinlich, weil sie zur Gewohnheit wird und man sich nicht mehr nein zu sagen traut. Es wäre darum gut, würdest Du

25

solche Situationen, wo Ihr ganz allein seid und Euch unge-
stört glaubt, vermeiden. Sexuelle Entspannung kannst Du
schließlich auch erreichen, wenn Du Dich durch eigenes
Reizen zum Orgasmus bringst.

Homosexualität allerdings entsteht auf gar keinen Fall
durch gelegentliche gegenseitige geschlechtliche sexuelle Befriedigung. Diese Variante menschlicher Sexualität
ist nicht erlernbar, und man kann auch nicht dazu verführt
werden. Homosexualität, also auf das gleiche Geschlecht
gerichtete Wünsche, kommt von innen heraus, sie ist anlagebedingt. Bei einem homosexuell veranlagten Jungen
werden sich alle Phantasien und Träume stets auf Jungen
beziehen. Weiblichkeit wird ihn auch mit zunehmender
Reife unberührt lassen. Genauso verhält es sich in umge-
kehrter Weise bei homosexuellen Mädchen. Sie werden
auch Lesben genannt, während man bei den Männern
von Schwulen spricht.

Du solltest wissen, daß Homosexualität nicht nur ein
oberflächliches sexuelles Interesse am Partner bedeutet,
sondern auch eine tiefe gefühlsmäßige Beziehung zweier
Menschen zum Inhalt hat. Homosexuelle Menschen wünschen sich darum auch nicht, anders zu sein. Sie können
es sich genausowenig vorstellen wie ein Heterosexueller
die Homosexualität. Was sie bedrückt und kränkt, sind die
oft unfairen Bemerkungen und Verhaltensweisen von anderen Menschen. Homosexuelle sind unsere Freunde und
Mitstreiter, die wir in einem Kollektiv anerkennen und
achten und genauso wie jeden anderen nach ihren Leistungen und ihrem Auftreten beurteilen. Das schließt ein,
daß man es konsequent ablehnt, wenn ein Homosexueller
Annäherungsversuche macht und man selbst keine solchen Ambitionen hat. So würde sich jeder ja auch verhalten, wenn ein Heterosexueller, den man körperlich aber
nicht mag, Lust auf Sex hat.

Wann bekomme ich meine Tage?

In meiner Klasse haben schon alle ihre Tage. Oft erzählen die Mädchen darüber, aber ich sehe es ja auch, wenn sie beim Sport nicht mitmachen. Bei mir tut sich noch gar nichts, und ich komme mir schon richtig komisch vor. Nun frage ich mich, ob das überhaupt normal ist. Wann muß man die erste Regel haben?

Silke, 14 Jahre

Liebe Silke!

Sicher ist die erste Regelblutung oder Menstruation ein wichtiges Ereignis für ein Mädchen, weil damit im biologischen Sinne der Lebensabschnitt der Fruchtbarkeit eingeleitet wird. Aber es entsteht gleichzeitig ein großer Widerspruch. Man ist vom Alter her fast noch ein Kind, geht jeden Tag zur Schule, muß den Anweisungen der Eltern folgen, aber körperlich fühlt man sich schon als Frau, hat seine Tage wie die Mutter, könnte sogar ein Kind bekommen.

Körperliche und soziale Reife, also die Selbständigkeit und Funktionstüchtigkeit unseres Körpers, stimmt zunächst einmal nicht mit dem Grad der Selbständigkeit in allen Lebensfragen überein. Manchmal spürt man das, mitunter geben es einem die Erwachsenen auch sehr unsanft zu verstehen. Und genau da setzt dann oft so eine Gegenwehr ein, indem einige Mädchen ihre körperliche Reife überbewerten. Sie geben plötzlich gern vor anderen damit an, wie weit sie schon entwickelt sind, reden laut über jede Menstruation, dramatisieren jede Begleiterscheinung. Dazu gehört es auch, taktlos gegenüber Freundinnen und Klassenkameraden zu werden, die noch nicht soweit sind. Das kann von demonstrativem Verhalten bis hin zu Hänseleien gehen. Meist tun sich besonders solche Mädchen in dieser Hinsicht hervor, die bisher mit anderen Leistungen nicht so sehr ins Auge fielen. Darum solltest Du Dich von solch einem Gehabe nicht herausfordern lassen oder gar Dein Selbstbewußtsein aufgeben, nur weil Du Deine Tage noch nicht hast. Schließlich ist dieser Vorgang nicht durch den Willen steuerbar. Niemand kann dafür, wenn er früher oder später als andere seine erste Regel bekommt.

Ich will Dir trotzdem sagen, wie jetzt das durchschnittliche Alter der Mädchen bei der ersten Menstruation ist. Es liegt bei 13 Jahren. Eine umfängliche Untersuchung des Gynäkologen Dr. sc. med. Hans-Joachim Ahrendt von der Frauenklinik Magdeburg, der sich in seinen Sprechstunden vor allem mit jugendlichen Patientinnen beschäftigt, sagt aus, daß fast drei Viertel der Mädchen bis einschließlich des 13. Lebensjahres menstruiert. Nur 6 Prozent bekommen die Menarche (1. Regel) nach dem 14. Lebensjahr. Obwohl das recht wenige im Verhältnis zum Mittelwert sind, liegen sie dennoch im Bereich des Normalen. Meist steht der spätere Eintritt der Menstruation auch im Zusammenhang mit der allgemeinen körperlichen Entwicklung. Wenn die Schambehaarung sowie die Brust noch nicht sehr ausgeprägt sind, setzt oft auch die Menstruation später ein. Ist allerdings die körperliche Entwicklung schon weit fortgeschritten, aber die Regel bleibt aus, kann das für eine Vierzehnjährige durchaus ein Grund sein, den Frauenarzt aufzusuchen.

Ich will Dich, Silke, gleich noch auf ein paar Probleme vorbereiten, die dann mit dem Eintritt der Menstruation auftauchen. Die meisten Mädchen beobachten nämlich in den ersten Zyklen nach der Menarche Unregelmäßigkeiten. Das bezieht sich besonders auf die Zykluslänge. Einen Zyklus berechnet man übrigens vom ersten Tag der Regel bis einschließlich zum letzten vor der nächsten. Beträgt dieser Abstand 23 bis 34 Tage, kann man das als normal betrachten. Häufig kommt es bei jungen Mädchen dazu, daß die Regel zum erwarteten Zeitpunkt ausbleibt und den Grenzwert von 34 Tagen weit überschreitet. Sofern es nicht zum Geschlechtsverkehr ohne Verhütungsmittel kam, besteht kein Anlaß zur Besorgnis. Die hormonelle Konstitution im Jugendalter ist meist noch nicht ausgeglichen und stellt nicht sofort bei jedem Mädchen die volle Fruchtbarkeit her. Die erste Regel leitet somit die weitere Reifung der Sexualfunktion ein, die sich über einen unterschiedlich langen Zeitraum bei jedem Mädchen ausdehnt. Um selbst den Überblick über diese Entwicklungsetappe zu behalten, was später auch für die Verordnung hormoneller Schwangerschaftsverhütungsmittel (Pille) ganz wichtig ist, wäre es nützlich, von der ersten Regel an einen Regelkalender zu führen. Man kann dazu die einfachen Kalenderkärtchen im Ausweisformat benutzen. Die Tage der Regelblutung werden mit einem Kreuz versehen. Die Stärke der Blutung kann mit einem Punkt je Vorlage und Tag vermerkt werden. Solche Aufzeichnungen geben dem Arzt gute Hinweise bei eventuellen Beschwerden sowie über den Reifegrad der inneren Geschlechtsorgane. Regelkalender sollten unbedingt über mehrere Jahre aufbewahrt werden.

Die Blutungsdauer kann zwischen 3 bis 7 Tagen liegen. Bei jungen Mädchen kommt es nicht selten zu sogenannten Dauerblutungen, die also nach einer Woche nicht aufhören. Auch das ist ein Zeichen einer noch instabilen Entwicklung.

Die Blutungsstärke und auftretende Beschwerden vor und während der Menstruation werden oft sehr subjektiv dargestellt. Man sollte davon ausgehen, daß es sich beim Verbrauch von 1 bis 2 Vorlagen am Tag um eine leichte Blutung handelt. 3 bis 4 Vorlagen kennzeichnen eine normalstarke, ein Verbrauch darüber hinaus eine starke Blutung.

Mit der ersten Regelblutung muß man sich auch für eine geeignete Monatshygiene entscheiden. Es ist richtig, bei entsprechenden Anzeichen so etwas schon vorher einzukaufen und auch bei Ferienfahrten mitzunehmen, damit einen nicht plötzlich das Ereignis überrascht. Am saugfähigsten sind die in Drogerien erhältlichen Minivorlagen, die mit einem kleinen Haftstreifen im Schlüpfer zu befestigen sind.

Ganz wesentlich ist für diese Tage neben Sauberkeit auch Sicherheit. Wenn man ständig das Gefühl hat, es könnte etwas verrutschen oder zu sehen sein, benimmt man sich merkwürdig und fühlt sich unwohl. Enganliegende, nicht gar zu knapp geschnittene Slips sollten bereitliegen. Natürlich können auch von jungen Mädchen Tampons benutzt werden, wenn sie sich ohne Gewalt einführen lassen und keine Druck- und Reibewirkung verursachen. Sie tragen gar nicht auf, so daß man während der Menstruation an Sport, Spiel und Baden ungehindert teilnehmen kann sowie auf das Tragen enger Hosen nicht verzichten muß. Bemerkt ein Mädchen, daß das Benutzen von Tampons zu einem Austrocknen der Scheide führt, was einem Bakterienbefall der Schleimhaut Vorschub leistet, muß von einem Dauergebrauch abgeraten werden.

Zu den Menstruationsbeschwerden sei gesagt, daß etwas ziehende Schmerzen in der Kreuzgegend, gelegentliche Kopfschmerzen und Schlappheit keine krankhaften Erscheinungen sind. Wird allerdings jede Regel von krampfhaften Bauchschmerzen und kleinen Ohnmachtsanfällen begleitet, kann ein Arzt lindernde Medikamente verordnen, und er wird den Ursachen nachgehen.

Mir scheint jedoch, daß viele Mädchen ihre Beschwerden gern in den düstersten Farben darstellen, um sich vor den anderen interessant zu machen. Sie empfinden es offenbar als sehr fraulich, wenn sie sich an diesen Tagen unwohl fühlen und nicht voll einsatzfähig sind. Damit hängt es auch zusammen, wie Du selbst jede Woche in der Schule beobachten kannst, daß die Mädchen glauben, sich nun nicht mehr bewegen zu dürfen, und darum keinen Sport mitmachen. Diese Vorsicht ist unbegründet und beruht auf Einbildung.

Die meisten Frauen und Mädchen haben während der Regel keine außergewöhnlichen Beschwerden. Man stelle sich einmal die Auswirkungen vor, wenn Frauen, die in unserem Land zu über 90 Prozent berufstätig sind, an diesen Tagen stets nur bedingt arbeitsfähig wären oder krankmachten. Ich meine darum, daß es jedes junge Mädchen schnell lernen muß, die Menstruation als eine natürliche Erscheinung anzunehmen, die jede Frau über einen langen Lebensabschnitt regelmäßig erlebt. Dazu gehört es, sich an diesen Tagen völlig normal und unauffällig gegenüber seiner Umgebung zu verhalten. Bewegung und Aktivität lösen einen leichten Druckschmerz im Unterkörper eher auf als Wehleidigkeit und Stillsitzen. Unter Weglassen ganz bestimmter Übungen beim Sport, wie zum Beispiel Springen oder sehr anstrengende Dauerleistungen, ist also das Mitmachen für die allermeisten Mädchen außerordentlich gesund.

Wird während der Regel Schlechtes ausgeschieden?

Ich wohne in einem Dorf in der Magdeburger Gegend. Wenn zu uns der Schlachter kommt, fragt er, ob eine Frau dabei ist, die ihre Tage hat. Wenn das der Fall ist, darf sie sich an der Verarbeitung des Fleisches nicht beteiligen, weil angeblich die Gläser sonst wieder aufgehen und alles schlecht wird. Auch meine Mutter hält sich daran, obwohl sie genau weiß, daß es nicht stimmt. Ich möchte jedoch betonen, daß das nicht nur in unserer Familie so ist. Was hat es nun wirklich damit auf sich?

Margit, 13 Jahre

Liebe Margit!

Ich muß gestehen, daß mich Deine Frage etwas überrascht hat, denn ich war bisher der festen Meinung, daß so dummes Gerede von einigen Stehengebliebenen niemand mehr ernst nimmt. Es ist erstaunlich, wie lange sich Auffassungen halten können, die durch das Beobachten von Erscheinungen zustande kamen, die man sich früher nicht erklären konnte. Es ist nun wirklich an der Zeit, daß sich solcher Unsinn nicht noch weiter verbreiten kann und wie eine Art Tradition, an die keiner mehr glaubt, weitergegeben wird. Dafür müssen Mädchen und Jungen sorgen, die aufgrund einer wissenschaftlichen Schulbildung über biologische Vorgänge Bescheid wissen.

Darum wollen wir uns den Vorgang der Menstruation ganz kurz vergegenwärtigen: In jedem Zyklus reift im Eierstock ein Ei heran. Während dieser Zeit wächst auch die Gebärmutterschleimhaut unter dem Einfluß eines Hormons und wird dicker. Alles bereitet sich darauf vor, das im Eierstock frei gewordene und eventuell befruchtete Ei aufzunehmen und zu ernähren. Wird diese Erwartung enttäuscht, stirbt die unbefruchtete Eizelle ab und das dazugehörige Gelbkörperhormon stellt seine Funktion ein. Das Eibett wird nun nicht mehr ernährt, fällt zusammen und wird abgestoßen. Dabei öffnen sich wie bei einer kleinen Verletzung Blutgefäße, und es entsteht eine Wundfläche, die nach einigen Tagen wieder von einer neuen feinen Schleimhaut in der Gebärmutterhöhle geschlossen wird. Diesen Vorgang, der sich beim geschlechtsreifen Mädchen regelmäßig wiederholt, nehmen wir als Monatsblutung wahr. Es handelt sich also bei dem Blutabgang aus der

Scheide um genau dasselbe Blut, das auch bei jeder anderen Verletzung aus unseren Blutgefäßen austreten würde.

Menschen, die sich früher diesen unsichtbaren Prozeß nicht erklären konnten, meinten, daß der Körper der Frau giftige, überflüssige Stoffe ausscheide. Frauen wurden in diesem Zustand gemieden, weil sie als unrein galten. Begünstigt wurde diese Annahme weiterhin durch die Beobachtung, daß Menstrualblut im Gegensatz zu anderen Blutungen nicht gerinnt. Diese Ungerinnbarkeit wird durch sich auflösende Schleimhautteile verursacht und ist eine sehr weise Einrichtung der Natur, weil ansonsten das Innere der Scheide verkleben und verstopfen würde. Auch hier läßt sich nichts Mystisches finden.

Wenn aber jemand solchen Unsinn glaubt, dann sucht er nach Beweisen für seine Behauptungen. Zufälligkeiten, die keiner Prüfung von Ursache und Wirkung standhalten würden, sind dafür immer hervorragend geeignet. So ist es sicher passiert — und das passiert in jedem Haushalt immer wieder —, daß Eingemachtes aufgegangen ist. Wir wissen, was da alles schuld sein kann: defekte Gummis, unsaubere Gläser, nicht ganz vorschriftsmäßige Verarbeitung des Einfüllgutes usw. Es lohnt eigentlich nicht, weiter darüber zu debattieren, weil heutiger Aberglaube von so viel Dummheit zeugt, daß er allein mit Wissen, mit vernünftigen Argumenten nicht zu schlagen ist.

Darum kann man über Euren Schlachter nur lachen. Wenn er seine Arbeit ansonsten gut macht und Ihr ihn deswegen braucht, dann überhört die von ihm gestellte Frage wohlwollend. Nachdenklich stimmt an dieser mittelalterlichen Haltung inmitten der wissenschaftlich-technischen Revolution lediglich, daß es immer wieder Leute gibt, die auf solchen Quatsch hereinfallen, selbst unsicher werden und plötzlich in Frage stellen, was sie gelernt haben. Das ist allerdings ein Hinweis für Dich, sicherer und selbstbewußter mit dem umzugehen, was Du ganz genau weißt.

Alles eine Nummer
zu klein geraten

Mich beschäftigt ein Problem, über das ich nicht hinweg-
komme. Ich habe noch keine Brust. Dafür schäme ich
mich. Es ist nicht so, daß ich vollständig keine habe, doch
aber nicht so richtig. Meine Mitschüler lästern über mich,
und ich getraue mich nicht, mir einen Freund anzuschaf-
fen, da ich Angst habe, er ist enttäuscht, weil ich noch
nicht so weit entwickelt bin. Was soll ich nur tun, ich
stehe auf dem Weg der Verzweiflung.

Roswita, 15 Jahre

Ich bin der Ansicht, daß mein Glied für mein Alter zu klein
ist. Es hat sich in der letzten Zeit keine Weiterentwicklung
vollzogen, was bei den Jungen aus meiner Klasse anders
ist. Bei ihnen ist diese Entwicklung schon sehr vorange-
schritten. Da ich ansonsten gesund und normal entwickelt
bin, wundert mich das eigentlich. Ich fürchte auch, daß
dadurch Beeinträchtigungen im späteren Geschlechtsleben auftreten.

Andreas, 15 Jahre

Liebe Roswita, lieber Andreas!

Ihr seid beide noch in einem Alter, in dem die körperliche
Entwicklung nicht vollkommen abgeschlossen sein muß.
Aber damit möchte ich Euch überhaupt nicht trösten,
denn Ihr werdet wachen Auges eine ganze Menge ausge-
wachsener Leute entdecken, die in ihren äußeren Formen
nicht perfekt sind. Bekanntlich, das haben wir schon an
anderer Stelle erläutert, hängt die körperliche Entwick-

34

lung eines Menschen nicht von seinem Wollen ab. Hormonelle Prozesse steuern die Ausreifung der Geschlechtsorgane und ihre Funktion, vieles davon ist auch anlagebedingt.

Ob ein Mensch ausreichend entwickelt ist oder ob er irgendwo im infantilen (kindlichen) Stadium stehenblieb, ist nicht allein von äußeren Geschlechtsmerkmalen abhängig. Dein Brustumfang, Roswita, sagt genausowenig über eine ausgebildete geschlechtliche Funktion Deines Körpers aus wie der scheinbar zu klein geratene Penis von Andreas. Viel entscheidender für eine altersgerechte Entwicklung ist zum Beispiel die Schambehaarung, wobei Fülle und Ausmaß auch hier individuell verschieden sein können. Bei den Mädchen zählt dazu der Eintritt der ersten Menstruation, bei einem Jungen die Samenproduktion, die sich durch den unwillkürlichen Samenerguß bemerkbar macht. Für die sexuelle Funktion eines Jungen sind in erster Linie die Hoden mit den Keimdrüsen verantwortlich, nicht die Größe des Gliedes. Sind also die Hoden richtig ausgebildet, befinden sich beide im Hodensack und weist die gesamte körperliche Entwicklung zunehmend männliche Merkmale auf, gibt es überhaupt keinen Grund, Komplexe zu haben oder gar krankhafte Unter- beziehungsweise Fehlentwicklung zu befürchten.

Ebenso ist es mit der kleinen Brust, die nicht genügend Fettgewebe angesetzt hat. Weder die sexuelle Funktion als Frau noch die spätere Versorgungsleistung als Mutter werden dadurch in Mitleidenschaft gezogen. Trotzdem würde ich sagen, daß ein Jugendlicher, der mit 15 Jahren ernste Zweifel an einer altersgerechten körperlichen Entwicklung hat, mit einem Arzt darüber Rücksprache nehmen sollte. Er kann durch eine genaue Untersuchung bestätigen, daß es sich in der Tat nur um einen kleinen Schönheitsfehler handelt, oder eben eine Behandlung einleiten, um zurückgebliebene Entwicklungsprozesse zu befördern. Eine alleinige Vergrößerung von Brust oder Pe-

nis ist aber bei normalem Verlauf der Pubertät nicht möglich.

Daß uns zu klein geratene Geschlechtsteile soviel Kopfzerbrechen bereiten und zur Verzweiflung treiben, hat ja vorwiegend etwas mit dem Vergleich zu tun, den wir zu anderen anstellen. Im Jugendalter bekommt dieser körperliche Vergleich mitunter eine unvertretbar große Dimension. Es wird einfach aus Mangel an anderen Bewertungskriterien noch zuviel daran gemessen, wie einer aussieht, wie weit er entwickelt ist. Nun ist die kleine Brust sichtbarer als der kleine Penis, trotzdem müssen es beide Geschlechter lernen, damit zu leben, nicht Teile ihres Körpers zu verstecken oder gar zu hassen, weil sie nicht so ganz den Idealmaßen entsprechen. Entscheidend ist dafür ein gesundes Selbstbewußtsein, daß sich ja wohl nicht nur darauf begründen kann, wie groß der Busen und wie lang das Glied ist. Wer in der Gruppe, im Kollektiv etwas zu sagen hat, nicht dauernd dummes Zeug redet, durch Leistung beeindruckt, nicht über andere klatscht, sondern offen seine Meinung kundtut, der wird unabhängig von seiner körperlichen Entwicklung von allen geach-

tet. Er beweist nämlich seine Reife auf viel beeindruckendere Weise, als vielleicht nur einen dicken Busen hervorzustrecken.

Wenn Du, Roswita, einmal ganz genau hinsiehst, wird Dir auffallen, daß gerade die Mädchen so stolz auf ihren Körper sind und über andere lachen, die nicht sehr viel im Kopf haben. Ich bezweifle, ob man mit solchen unbedingt in Schönheitskonkurrenz treten muß. Übrigens fällt das auch bald den Jungen auf. Wer nur nach Busen auswählt, kann noch gar kein richtiger Freund sein. Natürlich sind hier auch später die Geschmäcker verschieden. Aber jedem kannst Du nicht gefallen, und es gibt genug Jungen, die ganz schlanke Mädchen bevorzugen.

Zu lernen, mit seinem Körper, wie er gewachsen ist, zu leben, erfordert trotzdem ein ganz bewußtes Verhalten. Das Schlimmste, was einem Mädchen mit kleiner Brust passieren kann, ist Verstecken. Ich meine damit eingezogenes krummes Laufen oder künstliches Vergrößern des Busens durch einen ausgestopften BH. Ersteres führt auf die Dauer zu Haltungsschäden und macht jeden von vornherein darauf aufmerksam, daß hier etwas nicht stimmt.

Ausstopfen wird irgendwann auch von anderen bemerkt. Die nun folgenden Lästereien und das Gelächter können wirklich schmerzhaft sein. Sicher muß man die kleine Brust nicht durch zu enge Pullover betonen, eine etwas legere Kleidung ist hier vorteilhafter. Ich meine jedoch auch keine Säcke, in die man sich verkriechen muß, so daß gar nichts mehr vom Körper zu sehen ist. Mädchen mit kleiner Brust müssen natürlich besonders darauf achten, daß die körperlichen Proportionen stimmen. Eine vollere Brust kann man sich nämlich auch nicht anfuttern, weil meist die Fettpolster dann an den Stellen erscheinen, wo sie völlig unerwünscht sind.

Und was die unverbesserlichen Mitbürger betrifft, die zur Eigendarstellung immer gern auf Unzulänglichkeiten bei anderen anspielen, so mußt Du für sie eine gewisse Schlagfertigkeit trainieren, die die Lacher sofort auf Deine Seite zieht. Ich kannte ein Mädchen, das in solchen Situationen sofort das aussprach, was andere dachten. „Was starrst du mich so an", sagte sie mit festem Blick auf ihr Gegenüber. „Ich habe dir wohl zuwenig Busen." Wer den roten Kopf bekam und peinlich berührt war, ist sicher klar.

Im Prinzip gelten solche Verhaltensweisen auch für Dich, Andreas, wobei Dein zu kleines Glied ja nur in Jungenrunden beim gemeinsamen Duschen und Baden von anderen bemerkt wird. Du wirst Dich weitaus weniger mit solchen Meinungen auseinanderzusetzen haben. Es kommt für Dich mehr darauf an, Dir nicht selbst etwas einzureden. Ob Du nämlich später in sexueller Hinsicht mit einem Mädchen richtig glücklich werden kannst, hängt ganz entscheidend von der Einstellung zu Dir selbst und zu Deiner Partnerin ab. Wäre allein die Gliedgröße dafür zuständig, gäbe es wohl wesentlich weniger Unzufriedenheit auf diesem Gebiet. Ein kleiner Penis im Normalzustand spricht übrigens überhaupt nicht für seine Größe bei Versteifung. Meist kann er dann stärker wachsen als ein bereits langer.

Lasse Dich also von Sexualprotzen, die das Zentimetermaß anlegen, nicht beeindrucken. Mädchen messen solchen Äußerlichkeiten wesentlich weniger Bedeutung bei, als Jungen glauben. Die sogenannte Nabelschau findet immer nur untereinander statt. Darin behauptest Du Dich am besten, indem Du Dich nicht wegdrehst oder den Kontakt im ausgezogenen Zustand meidest.

Kummer- oder Jungfernspeck?

Ich glaube, mein größtes Problem ist mein sehr großes Übergewicht, das sich in den letzten Jahren entwickelt hat. Ich habe mir schon des öfteren vorgenommen, einen Diätplan, den ich selbst aufgestellt habe, einzuhalten. Häufig schaffe ich es einfach nicht, dies zu tun. Sehr oft habe ich richtige Wut auf mich. Ich getraue mich nicht, zur Disko zu gehen usw. Ich denke immer, wenn hinter mir gelacht wird: Jetzt amüsieren sich wieder welche über dich. Ich könnte dann heulen oder in den Erdboden versinken.

Nicht einmal zu meinen Mitschülern habe ich Vertrauen und sehe hinter vielem etwas gegen mich Gerichtetes. Sehr viel Angst habe ich aber vor jeder Sportstunde. Ich weiß, daß ich nicht ungelenkig bin. Aber zum Beispiel beim Geräteturnen, am Balken, habe ich überhaupt keine Ausstrahlungskraft. In meinem Innern verkrampfe ich und denke: Jetzt bist du wieder einmal fällig. Wir haben zwar eine sehr verständnisvolle Sportlehrerin, die mir immer wieder Mut macht, aber ich kann einfach nicht aus mir heraus.

Ähnlich geht es mir im Unterricht. Ich weiß fast immer, daß meine Hausaufgaben richtig sind, habe aber nie den Mut dazu, mir eine gute Note zu holen. Danach ärgere ich mich bald schwarz.

Mit meinen Eltern kann ich diese Probleme nicht ausdiskutieren, denn wenn diese von Arbeit kommen, reagieren sie meist gereizt auf ein paar Worte von uns Kindern. Meine Mutter fragt mich nur immer, ob ich schon abgenommen habe.

Ich habe jedoch eine sehr gute Freundin, diese hörte mir oft geduldig zu. Nun ist sie in der Lehre. Verständlicherweise hat sie kaum noch Zeit. In meiner Freizeit lese ich, lerne Gitarre spielen und schreibe Briefe.

Wie kann ich nur aus dieser Krise herauskommen?

Martina, 15 Jahre

Liebe Martina!

So allein, wie Du glaubst, bist Du mit Deinem Problem nicht. Ich finde, daß es zu viele junge Mädchen gibt, die recht stabil wirken. Nun ist es normal, daß mit der geschlechtlichen Entwicklung das Körperwachstum parallel verläuft. Ein Mädchen wird bereits nach dem 10. Lebensjahr größer und schwerer als gleichaltrige Jungen. Es bildet sich ein stärkeres Unterhautfettpolster aus, das die breiter gewordenen Hüften abrundet. Eine gewisse Fülligkeit, die hier schon entstehen kann, sollte man nicht mit Jungfernspeck abtun. Angefutterte Pfunde gehen bekanntlich nicht mehr von allein weg. Nun ist das noch lange kein Grund, Hungerkuren zu veranstalten. In dieser Entwicklungsphase ist lediglich aufzupassen, daß man sich nicht rund ißt. Bei ersten Anzeichen muß man den Süßigkeitskonsum deutlich drosseln. Es kommt gar nicht so selten vor, daß manche Mädchen in diesem Alter jeden kleinen Seelenschmerz, jeden Mißerfolg in der Schule, Streit mit der Freundin, Verbote der Eltern, unglückliche Verliebtheit mit Essen und Trinken ausgleichen. Sie stopfen unkontrolliert alles in sich hinein. Man spricht bei dieser Art von Übergewicht von Kummerspeck.

Die Beispiele zeigen schon, daß die meisten Leute an ihrer Körperfülle nicht ganz unbeteiligt sind. Ich will nicht in Abrede stellen, daß es bei einer bestimmten Gruppe von Menschen eine größere Bereitschaft zum Dickwerden gibt als bei anderen. Krankhafte Veranlagungen kommen für die überflüssigen Fettpolster allerdings am allerwenigsten in Frage. Das ist meist eine bequeme Ausrede vor sich selbst beziehungsweise eine Art Entschuldigung gegenüber Kritikern, wenn Dicke auf ihre Drüsen verweisen. Frauen machen auch gern die Pille dafür verantwortlich, obwohl die Ansätze zum Übergewicht bereits vor deren Einnahme vorhanden waren.

Aus Untersuchungen mit übergewichtigen Kindern und Jugendlichen ergaben sich interessante Schlußfolgerungen: So wurde festgestellt, daß übergewichtige Eltern Kinder haben, die zu 80 Prozent auch übergewichtig sind. Ist nur ein Elternteil dick, reduziert sich das schon auf 40 Prozent der Kinder. Bei schlanken Eltern sind nur 5 bis 7 Prozent übergewichtiger Nachwuchs auffällig. Da spielt teilweise die konstitutionelle Anlage eine Rolle. Großen Einfluß auf die „Ausmaße" einer Familie haben aber die Eßsitten. Oft wird in solchen Familien viel und üppig gegessen. Gutes Essen nimmt in ihren Wertvorstellungen von Zufriedenheit einen ersten Platz ein. Jeder Gast wird genötigt, aufzuessen, noch einmal zuzugreifen, weil Essen und Trinken groß und stark macht oder Leib und Seele zusammenhält, wie sie sagen.

Nun will ich nicht behaupten, daß es in Deiner Familie, Martina, so zugeht. Aber auf alle Fälle ist auch bei Dir nur über reduzierte Kost etwas zu erreichen. Als ersten kleinen Schritt solltest Du Dir vornehmen, den Umfang Deiner Mahlzeiten immer selbst zu bestimmen und auch selbst zu kochen. Will man ernsthaft abnehmen, kann man nicht täglich das essen, was auf den Tisch kommt. Darum wäre es schon wichtig, daß Du mit Deinen Eltern über solche Maßnahmen sprichst. Indem Du Dich ganz konkret zu einem persönlichen Plan bekennst, dessen Einhaltung auch für andere kontrollierbar ist, erlegst Du Dir selbst eine größere Verpflichtung auf. Lächerlich macht sich nur jener, der dauernd erklärt, daß er abnehmen will. Bei diesem Unternehmen sind Verbündete notwendig, bei denen Du mal Dein Herz, so wie in Deinem Brief an mich, ausschütten kannst. Aussprechen hilft, schneller wieder zu sich selbst zu finden und Mut zu fassen, daß nicht alles hoffnungslos ist. Deine Freundin war ein solcher Partner. Auch wenn sie nun nicht mehr soviel Zeit hat, könnte sie, die Deine Probleme kennt, so eine Art Kontrolleur für Dich sein, dem Du im Abstand von einer Woche Deinen Eßplan und Deine Gewichtsentwicklung mitteilst. Mit so einem Partner kannst Du auch über Eßsünden reden und gemeinsam beraten, wie sie zu verhindern wären.

Ich bin mir sicher, daß Du eine solche moralische Stütze auch in Deiner Klasse finden würdest, wenn Du Dich zu einem Schlankheitsprogramm bekennst und einfach ein Mädchen, das Du gut leiden kannst, um seine Hilfe bittest. Selbst wenn das Vorhaben nicht gleich den gewünschten Erfolg bringt, gewinnst Du mit Entschlossenheit bei den anderen an Achtung, und auch das eigene Selbstwertgefühl steigt.

Ein niedriges Selbstwertgefühl führt immer weiter in die Isolation. Und schon befindest Du Dich, wie gegenwärtig, in einem Teufelskreis. Jeden Mißerfolg schiebst Du auf die Körperfülle und ergibst Dich ihr, um auf diese Weise den nächsten Reinfall zu organisieren. Darum meine ich, ist die Courage nicht nur für eine gemäßigte Schlankheitskur notwendig. Du mußt es ebenso lernen, mit Deiner Figur zu leben, da ja das Abnehmen nicht von heute auf morgen geht. Ich kenne sehr viele rundliche Mädchen, die absolut keine Komplexe haben, weil sie sich trotz alledem selbst gut leiden können. Sie kleiden sich modisch und vorteilhaft, verstehen es, dumme Bemerkungen von anderen zu kontern, oder fühlen sich einfach nicht angesprochen. So etwas läßt sich trainieren, indem man seine Erwartungshaltung an andere real gestaltet. An Erfolgserlebnissen fehlt es Dir nicht grundsätzlich, denn Du bist eine gute Schülerin. Damit mußt Du mehr anfangen, indem Du anderen Deine Hilfe anbietest und stärker durch charakterliche Qualitäten Deinen Platz im Kollektiv findest.

Total korrekturbedürftig ist Dein Freizeitverhalten. Die Neigung zur Bequemlichkeit wird hier ganz deutlich. Dicke Jugendliche müssen sich in ihren freien Stunden vor allem bewegen. Das kann tägliches Radfahren, Schwimmen, Laufen oder Wandern sein. Auch hierbei stellt sich Selbstbestätigung und damit mehr Sicherheit im Umgang mit Gleichaltrigen ein, wenn man so etwas über einen größeren Zeitraum durchhält.

Natürlich machen alle solche Vorhaben mehr Spaß, wenn sie in der Gruppe erlebt werden. Der moralische Druck wird auch größer, und man kann der eigenen Schwäche keinen freien Lauf lassen. Darum möchte ich Dir raten, Dich in Deiner Schule umzuschauen, ob es nicht noch mehr dicke Schüler gibt, die sicher mit dem gleichen Leid durch die Welt laufen wie Du. Mir sind Beispiele bekannt, bei denen Mediziner Diätkurse für Jugendliche organisieren. Viele Fachleute, von Psychologen, Sportlehrern, Diätassistenten bis hin zur Modegestalterin, waren daran beteiligt. Nun muß man ja die Sache nicht gleich so groß aufziehen und könnte auch mehr Eigeninitiative entwickeln. Rede doch einmal mit Deiner Sportlehrerin, die soviel Verständnis für Dich zeigt. Vielleicht könnte sie ein Bewegungsprogramm für euch entwickeln. Der zuständige Schularzt sollte Empfehlungen für reduzierte Kost geben und auch eine psychologische Beratung vermitteln. Im Prinzip kann das Unternehmen in den Händen der übergewichtigen Mädchen und Jungen selbst liegen. Erfahrungsaustausch, gegenseitige Rückenstärkung und Kontrolle sind nämlich am wirkungsvollsten, um dün-

ner zu werden beziehungsweise an ein paar Pfunden mehr nicht zu zerbrechen.

Radikale Hungerkuren, das will ich abschließend noch sagen, sind eine völlig ungeeignete Methode. Sie schädigen die Gesundheit und mindern das Leistungsvermögen. Außerdem futtert man nach einem solchen Nahrungsentzug anschließend doppelt soviel.

Nackt vor den Eltern zeigen?

Es ist in unserer Familie üblich, daß sich einer vor dem anderen auszieht. Bis zum vorigen Jahr habe ich immer mit meinem Vater gebadet. Nun ist der Punkt gekommen, wo ich mich nicht mehr gern vor ihm ausziehe. Bei mir sind nämlich die Brust und die Schamhaare gewachsen. Wie soll ich mich verhalten, denn ich möchte natürlich nicht, daß sich zwischen uns etwas verändert.

Sylvia, 12 Jahre

Liebe Sylvia!

Wenn alle Familienmitglieder daran gewöhnt sind, sich nackt und unbefangen zu begegnen, so ist das eine gute Voraussetzung dafür, ein ganz normales Verhältnis zur Geschlechtlichkeit oder, sagen wir noch allgemeiner, zur Körperlichkeit zu bekommen. Wer bereits als Kind genau weiß, wie Mann und Frau aussehen, muß nicht neugierig in Büchern und Magazinen blättern, um mal ein Stück Nacktheit zu erhaschen. Mädchen und Jungen, die so aufwachsen, wenn sich also auch die Eltern und Geschwister nicht voreinander verstecken, entwickeln meist eine sehr gesunde Beziehung zum nackten Körper. Sie benehmen sich nicht verklemmt und prüde, was gleichbedeutend damit ist, sich taktvoll zu verhalten und Situationen einschätzen zu können. Sicher ist es auch in Deiner Familie so, daß nur bei bestimmten Gelegenheiten nackt herumgelaufen wird, wie vor und nach dem Baden und Waschen, beim Umziehen usw. Keiner drängt sich also in diesem Zustand auf oder präsentiert sich gar.

Auch im öffentlichen Leben geht man heute freier mit dem nackten Körper um. Im Ferienlager oder Wohnheim wäscht oder duscht man sich ausgezogen und voreinander. In jeder Schwimmhalle ist das eine hygienische Forderung. Wer da etwas zuhält, im Schlüpfer erscheint oder sich verschämt in die Ecke drückt, wird meist mitleidig belächelt. Man fällt unangenehm auf, wirkt unsauber, wenn man sich affig benimmt.

Auch FKK (Freikörperkultur) hat in den letzten Jahren immer mehr um sich gegriffen. Viele Mädchen und Jungen finden schon in der elterlichen Familie ein Verhältnis dazu. Sie sind daran gewöhnt, alte und junge, dicke und dünne, wohlgeformte und von der Natur etwas benachteiligte Menschen ohne jeden Hintergedanken zu sehen.

Sicher haben veränderte moralische Ansichten, aber auch andere Lebensbedingungen dazu beigetragen, freier mit unserem Körper umzugehen. Wir wissen, daß Sonne und Luft gesund für die Haut sind, in vielen Wohnungen lassen angenehme Temperaturen das Ausziehen zu. Jungen und Mädchen sind vom Krippenalter an einen ungezwungenen Umgang miteinander gewohnt, das andere Geschlecht bedeutet für Heranwachsende nichts Geheimnisvolles mehr.

Trotzdem muß ich einschränkend sagen, daß es noch nicht in jeder Familie so zugeht wie in Deiner. Manche Eltern haben aufgrund ihrer eigenen zurückhaltenden Erziehung große Schwierigkeiten, sich in Gegenwart ihrer Kinder nackt zu bewegen, obwohl sie es auch gern anders wollten. So sind eben manche Badezimmertüren immer verschlossen, Kinder erleben die Eltern zu allen Tages-

und Nachtzeiten im bekleideten Zustand. Auch das ist bei manchen mit Nachsicht zu betrachten, weil man sich eine offene Einstellung zum Nackten zwar einreden und erarbeiten kann, aber wer sie niemals probieren konnte, wird trotzdem gehemmt sein.

Grundsätzliche Fehleinstellungen sind nur dort zu kritisieren, wo Erwachsene glauben, daß sie an Autorität verlieren, wenn in dieser Hinsicht in der Familie eine vertrauliche, sprich eine intime Atmosphäre herrscht.

Aus allen den genannten Gründen möchte ich Dir raten, Sylvia, den bisher wertfreien Umgang miteinander nicht durch übertriebene Schamgefühle zu belasten. Die Eltern werden respektieren, daß sich bei Dir mit der Pubertät körperliche Veränderungen vollziehen und Du Dir eine eigene Intimsphäre verschaffst. Das macht gewiß auch etwas körperliche Distanz notwendig, denn manche kindliche Vertraulichkeit paßt nun nicht mehr zum Erwachsenwerden. Da sollte von den Eltern nichts erzwungen werden. Sobald man sich als junges Mädchen oder junger Mann selbst angenommen hat, die körperliche Umstellung vom Mädchen zur Frau, vom Knaben zum jungen Mann bewältigt ist, wird sich dummes Gehabe in einer offenen Familienatmosphäre nicht weiter durchsetzen.

Ich glaube, Sylvia, Du unterliegst dem Irrtum, daß vom ausgereiften nackten Körper immer erotisierende Wirkung ausgeht, und meidest darum plötzlich die direkten Kontakte, speziell mit dem Vater. Du solltest wissen, daß es für solche Gefühle einer entsprechenden Bindung zwischen zwei Menschen bedarf, die sich deutlich von normalen Eltern-Kind-Beziehungen unterscheidet. Du kannst also davon ausgehen, daß Deine Eltern weiterhin in Dir ihr Kind sehen, auch wenn da noch soviel wächst, sich rundet und formt. Fälle, in denen ein solches Vertrauensverhältnis mißbraucht wird, sind sehr selten. So etwas ist strafbar und kann nicht als Maßstab in einer harmonischen Familie gelten.

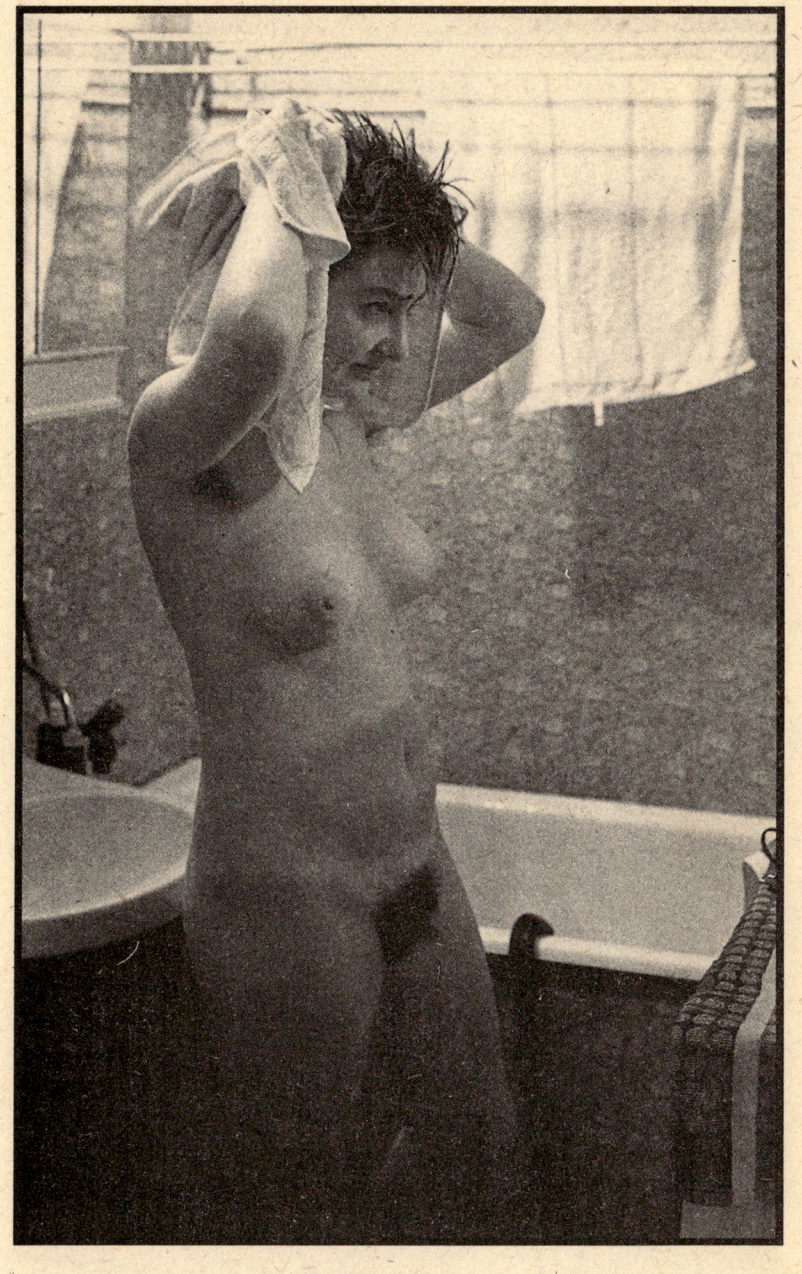

Wie waschen sich Mädchen
und Jungen unten und oben rum?

Jetzt, da ich schon richtig entwickelt bin, schwitze ich oft und habe das Gefühl, unangenehm zu riechen. Was halten Sie von Intimsprays bei Jugendlichen?

Loni, 14 Jahre

Als ich nach dem Training mit anderen Jungen unter der Dusche stand und auch mein Glied gründlich gewaschen habe, sagte einer, daß ich es nicht übertreiben soll. Auch die anderen fanden das wohl komisch und lachten. Was habe ich falsch gemacht?

Frank, 13 Jahre

Liebe Loni! Lieber Frank!

Ich halte, ehrlich gesagt, mehr vom Waschen. Sprays können zwar für eine gewisse Zeit ein Gefühl der Unbehaglichkeit übersprühen und wieder etwas Frische vermitteln, aber sie reinigen nicht. Gerade darauf kommt es aber zur Gesunderhaltung des Körpers an. Die Nähe von Ausscheidungs- und Geschlechtsorganen macht Reinlichkeit in diesem Bereich bei Mädchen wie bei Jungen ganz besonders erforderlich. Darum sollte es zur täglichen Körperpflege gehören, die Geschlechtsorgane morgens und abends gründlich mit lauwarmem Wasser zu waschen.

Bei einem Jungen gehört dazu, die Vorhaut so weit wie möglich zurückzuziehen, denn an der Eichel und in der Kranzfurche kommt es zu weißlichen Ablagerungen, dem sogenannten Smegma. In der Umgangssprache wird das auch Käse genannt. Diese Bezeichnung sagt schon alles.

Werden diese Ausscheidungen nicht ständig entfernt, verursachen sie Körpergeruch und bieten außerdem einen wunderbaren Nährboden für Bakterien und Pilze, mit denen wir ja ständig Berührung haben. Unsauberkeit bereitet also Entzündungen den Weg. Eigentlich sollte ja schon ein ganz kleiner Junge gelernt haben, sein Glied richtig zu waschen, aber ich stelle ebenso wie Du, Frank, immer wieder fest, daß fast erwachsene junge Männer gar nicht so selten sehr erstaunt gucken, wenn einer ausführlich darüber redet. Bewegung der Vorhaut im Jungenalter unter Wasser beim Baden löst außerdem leichte Verklebungen beziehungsweise macht rechtzeitig auf eine nicht entdeckte Vorhautverengung aufmerksam, die dann ärztlich behandelt werden muß.

Für die Mädchen gilt natürlich gleiche Gründlichkeit. Auch bei ihnen kommt es hinter den kleinen Schamlippen und unterhalb des Kitzlers zu solchen Ablagerungen, die sich aus Scheidensekret, Urinresten, Schweiß und Hautschuppen zusammensetzen. Zum Waschen ist nicht immer Seife erforderlich, bei manchen werden dadurch die Schleimhäute nur unnötig gereizt. Auch von einem Seiflappen, der ein Träger von Bakterien ist, rate ich ab. Am hygienischsten ist es, das Waschen mit der sauberen Hand vorzunehmen, weil damit alle Winkel erreicht werden. Für Mädchen gilt, das Waschen von der Scheide zum After hin vorzunehmen, um nicht etwa Ausscheidungsreste in den Scheidenbereich hineinzuwischen. Das Scheideninnere reinigt sich selbst. Spülungen würden die Milchsäurebakterien zerstören, die dort ein Klima der Keimabwehr geschaffen haben. Während der Menstruation sollte überhaupt nicht mit Wasser gespart werden, denn sich zersetzende Blutreste im äußeren Scheidenbereich führen ganz schnell zu Geruchsbelästigungen, die sogar in der unmittelbaren Umgebung wahrgenommen werden können.

Ein unaufdringlicher Genitalgeruch ist bei Mädchen wie

bei Jungen normal. Ihn muß man nicht etwa durch Sprays oder Parfüm, sie können durch ihren Alkoholgehalt zur Austrocknung der Schleimhäute führen, bekämpfen.

Wie Du selbst feststellst, schwitzen manche in der Entwicklungszeit öfter. Die Funktion der Schweißdrüsen, die mit der Achselbehaarung erst richtige Aktivität erreichen, wird durch das Nervensystem sowie durch Hormone beeinflußt. Da beides in Eurem Alter noch nicht so stabil funktioniert wie beim ausgereiften Erwachsenen, kann es schnell zu ausgesprochenen Schweißausbrüchen kommen. Auch hier steht die Körperpflege mit Wasser und Seife an erster Stelle, aber das ist im Tagesverlauf nicht immer möglich. Ein herbes, nicht so sehr parfümiertes Spray oder andere desodorierende Mittel können durchaus vorübergehende Abhilfe schaffen. Es ist nämlich schlimm, wenn man aufgrund von Ausdünstungen von seiner Umgebung abgelehnt wird. Selbst bemerkt man einen solchen Zustand oft nicht mehr, weil sich der Mensch an den eigenen Körpergeruch gewöhnen kann. Es ist ausgesprochen fair, einem Klassenkamerad oder Kumpel solche Wahrnehmungen unter vier Augen mitzuteilen. Selbst wenn er erst beleidigt reagiert, ist solch ein kameradschaftliches Verhalten besser, als einen Bogen um ihn zu machen.

Ganz besonderes Augenmerk sollte jeder in den Entwicklungsjahren auch seinen Haaren widmen. Es ist nämlich kein kosmetischer Tick, darauf zu achten, daß sie nicht fettig werden und strähnig herumhängen. Für ein stärkeres Fetten der Haare in der Pubertät ist auch das jetzt erst wirksam gewordene Hormon Androgen zuständig. Es regt die Funktion der Talgdrüsen an, die dort, wo auf dem Kopf die Haare wachsen, besonders stark ausgebildet sind. Ungepflegte Haare machen immer den Eindruck von Unsauberkeit. Deshalb sollten vor allem Jungen öfter mal in den Spiegel sehen. Wie oft man die Haare waschen soll, hängt wirklich von ihrem Zustand ab. Ganz milde Shampoos machen auch die tägliche Haarwäsche möglich. Anschließendes Spülen mit Essigwasser schont das Haar und gibt ihm Glanz.

Verführt Offenheit zum Sex?

Ich bin Mutter eines zweiundzwanzigjährigen Sohnes und einer fünfzehnjährigen Tochter und nicht prüde. Mich stört dennoch, daß intime Fragen in der Öffentlichkeit behandelt werden. Zeitungen zum Beispiel kann jeder kaufen, auch Jugendliche unter 15 Jahren. Sie werden dadurch sehr neugierig gemacht, was von Schule und Beruf ablenkt. Wer unbedingt so etwas schon wissen will, kann in ein Buch schauen. Es gibt spezielle Bücher für jede Altersgruppe, die man jederzeit aus der Bibliothek ausleihen kann. Sicher wird ein Jugendlicher dort auch nicht das Buch „Mann und Frau intim" erhalten. Dabei hat man sich wohl etwas gedacht.

Maria D.

Liebe Frau D.!

Obwohl ich mich an sehr junge Leute wende, gestatte ich mir, mich mit Ihren Ansichten in diesem Buch auseinanderzusetzen.

So extreme Auffassungen zur Sexualerziehung werden erfreulicherweise immer seltener, aber die Meinung, man könne durch Wissen verführt werden, ist einfach nicht totzukriegen. Es ist darum notwendig, Jugendlichen unter 15 Jahren ein paar Argumente zu liefern, damit sie sich mit solchen Haltungen sachlich auseinandersetzen können.

Ich stehe nämlich auf dem Standpunkt, daß man grundsätzlich alle die Partnerschaft und das Intimleben betreffenden Fragen Jugendlicher beantworten muß, weil Tabus immer unermeßliche Neugier, ja sogar übersteigerte Begierde erzeugen können. Es ist ein Irrtum, anzunehmen, man könne das wachsende Interesse am anderen Geschlecht bremsen und unterdrücken, indem man angeblich heikle Fragen unerwähnt läßt, ihnen aus dem Weg geht, so tut, als wären es die Probleme einzelner verdorbener Frühreifer.

Untersuchungen bestätigen, daß leider zu viele Eltern glauben, ihre Kinder seien mit 14, 15 oder 16 noch nicht soweit. Sie unterlassen darum auch jegliche Gespräche über Sexualität und Partnerschaft und sind entsetzt, wenn sie eines Tages erfahren, welcher Grad von Intimität in einer Liebesbeziehung bei Sohn oder Tochter bereits vorhanden ist oder welche Wirkungen die sogenannte Straßenaufklärung hinterlassen hat.

Hingezogenheit zum anderen Geschlecht oder Fragen zur eigenen Geschlechtlichkeit liest sich der Mensch schließlich nicht aus Zeitungen oder Büchern an. Sie entstehen bei jedem aufgrund seiner eigenen körperlichen Entwicklung, sind also biologisch und gesellschaftlich bedingt. Darum betrachte ich es als Anliegen sozialistischer Sexualerziehung, ohne Einschränkung alles das zu behandeln, was das Geschlechtsverhalten des Menschen bestimmt, das Einfluß auf seine Beziehungen zum Partner, auf erfüllte Liebe und Ehebereitschaft hat.

Wertorientierungen, die den moralischen Normen unserer Gesellschaft entsprechen, vermittelt man jungen Leuten allerdings nicht, wenn allgemein über Liebe und Freundschaft geredet wird. Für Jugendliche stellen sich die Fragen immer sehr konkret, momentan und im Detail, meist dann, wenn sie selbst erste Erfahrungen in einer Partnerschaft machen beziehungsweise durch Beobachtungen ihres Umfeldes auf bestimmte Probleme kommen. Gerade in diesen Situationen brauchen sie die Beratung, eine Hilfe, eigene Entscheidungen zu finden, einen Anstoß, etwas tiefgründiger nachzudenken. Gewiß kann ein Buch da Antworten geben, aber es ist nicht immer zur Hand, im Buchhandel oft vergriffen, in Bibliotheken gibt es für bestimmte Titel Wartelisten. Insofern schließen Zeitungen und Zeitschriften eine Lücke, weil sie zeitbezogen und schnell auf alle Fragen eingehen können und sich als Mittler zwischen Jugendlichen und Eltern verstehen.

Gestatten Sie mir noch ein Wort zu den altersgerechten Büchern. Natürlich gibt es Titel, die sich an das Verständnis ganz bestimmter Altersgruppen wenden. Ein Bibliothekar hat hier beratende Funktion. Nirgendwo steht aber geschrieben, daß man im jugendlichen Alter nicht das Buch „Mann und Frau intim" lesen darf. Wenn jemand solche Literatur liest, so hängt das Verständnis nicht allein vom Alter, sondern von der Vorbildung ab.

Die allgemeine Offenheit bei sexuellen Fragen hat heute übertriebene Neugier, die zum heimlichen Lesen solcher Bücher führte, längst abgebaut. Und selbst wenn es einer nur aus diesem Motiv heraus tut, wird er in „Mann und Frau intim" lediglich in wissenschaftlich exakter Aussage und Sprache etwas über das Geschlechtsleben des Menschen erfahren. Entweder er ist anschließend reifer und klüger, oder er wird es schnell beiseite legen, weil er feststellt, daß er sich übernommen hat. Beides sind nützliche Erfahrungen.

Sehr oft schreiben auch Eltern, daß, angeregt durch Beiträge in der Zeitung, ein Familiengespräch zustande kam, man sich über Positionen stritt. Das, liebe Frau D., ist genau das, was in der sexuellen Erziehung weder ein Buch noch eine Zeitung abnehmen können. Ich meine darum, daß es wenig überzeugend ist, von sich zu behaupten, nicht prüde zu sein, aber nach eigenem Empfinden zu bestimmen, was jungen Leuten zuträglich ist und was nicht. Ein Zufrüh oder Zuspät sexueller Erziehung kann eigentlich überhaupt kein Thema sein, wenn man altersgerecht von Kindheit an auf alles reagiert hat und berücksichtigt, daß Kinder und Jugendliche, unabhängig von ihrer eigenen körperlichen Entwicklung, nicht unter der Glasglocke groß werden.

Untersuchungen unserer Jugendforscher und Sexuologen weisen jedenfalls nicht aus, daß aufgeklärte, wissende Kinder, auf Geschlechtlichkeit und Liebe vorbereitete Jugendliche eher zu Intimbeziehungen kommen als andere. Hier, liebe Frau D., wirken ganz andere Faktoren. Einige davon sind die Zuwendung und Geborgenheit im Elternhaus, Verständnis und Offenheit für alle das Leben betreffenden Fragen − und Sexualität ist ein Teil davon. Lassen Sie mich mit einer sehr sinnreichen Bemerkung des bekannten sowjetischen Pädagogen Makarenko enden: „Es ist sehr schwer, auch dann richtig zu handeln, wenn niemand uns sieht, niemand uns hört, wenn niemals einer uns sehen oder hören, wenn niemand jemals davon erfahren wird. Dann gilt es, recht zu handeln um uns selber willen, um der Wahrheit willen, um der Verpflichtung willen, die wir uns selbst gegenüber haben. Setzt man dem Erzieher dieses Ziel, das an und für sich mit sexueller Erziehung nichts zu tun hat, dann wird auch die sexuelle Erziehung leichter."

Was sollte man über Geschlechtskrankheiten wissen?

In unserer Klasse wird zur Zeit über Geschlechtskrankheiten diskutiert. Von einem Mädchen wird behauptet, daß sie so etwas hat. Ist das sehr schlimm, und wie konnte es passieren? Mich würde in diesem Zusammenhang auch interessieren, was es mit AIDS auf sich hat.

Hans-Jürgen, 14 Jahre

Lieber Hans-Jürgen!

Fangen wir mit den bekannten Geschlechtskrankheiten an, die heute bei rechtzeitiger Behandlung heilbar sind. Am meisten beschäftigt uns dabei der Tripper oder wie der lateinische Name ist, Gonorrhoe. Das ist sicher die Erkrankung, die angeblich Eure Klassenkameradin haben soll und die auch bei Jugendlichen vorkommt.

Nun meine ich, daß ein Mensch, der wegen einer Geschlechtskrankheit behandelt wird, kein Diskussionsthema sein muß. Wahrscheinlich bietet das Mädchen auch nur deswegen Gesprächsstoff, weil es öfter etwas mit Jungen hat und nicht wählerisch bei ihren Intimpartnerschaften ist. Das ist überwiegend auch die Ursache für die Ansteckung mit einer Geschlechtskrankheit. Sie wird beim Geschlechtsverkehr übertragen.

Die Erreger siedeln sich auf den empfindlichen Schleimhäuten im Genitalbereich an und verursachen Entzündungen. Solche Entzündungen äußern sich durch plötzliches Brennen, Jucken und Ausfluß. Jungen verspüren Schmerzen beim Wasserlassen. Das Problem der Erkrankung ist, daß sie, nicht rechtzeitig behandelt, auch die inneren Geschlechtsorgane befällt, was bei einem Mann wie bei der Frau ernsthafte Folgen haben kann. Im allerschlimmsten Fall treten Sterilität bei der Frau oder Zeugungsunfähigkeit beim Mann ein. Beides bedeutet, daß ein Paar kein Kind bekommt. Aber diese Auswirkungen lassen sich abwenden, wenn bei plötzlichen Veränderungen an den Geschlechtsorganen schnell ein Arzt aufgesucht wird. Am besten ist es natürlich, man beugt einer Ansteckung vor. In einer dauerhaften und stabilen Partnerschaft, in der sich abenteuerliche sexuelle Erlebnisse von selbst ausschließen, kann sich keiner anstecken.

AIDS ist eine Erkrankung, die erst seit kurzer Zeit im Zusammenhang mit dem Sexualverhalten des Menschen von sich reden machte. Für eine Infektion muß der direkte

Blut-Blut-Kontakt oder Sperma-Blut-Kontakt vorhanden sein. Die feinen Schleimhäute an den Geschlechtsorganen können durch leichte Risse oder kleine Verletzungen beim Geschlechtsverkehr eine Eingangspforte für das AIDS-Virus sein. Infektionen durch Blutübertragungen, Blutprodukte oder Spenderorgane sind in der DDR ausgeschlossen, da dieser Übertragungsweg durch vorhergehende Tests aller zur Anwendung kommenden Präparate ausgeschlossen wurde. Ungünstige soziale Umstände, andere Lebensformen in kapitalistischen Ländern machen die Verbreitung von AIDS schneller möglich. Es sind aus diesen Ländern spezielle Risikogruppen bekannt, zu denen auch Rauschgiftsüchtige zählen, die sich mit nicht sterilen Nadeln die Drogen direkt in die Vene spritzen.

Das Verheerende dieser Krankheit ist, daß sie das Immunsystem des menschlichen Körpers angreift, das uns bei normaler Funktion und durch Impfungen vor Infektionen schützt. Wird diese Schutzfunktion völlig außer Kraft gesetzt, steht der Körper jeglichen Erregern hilflos gegenüber. Gegenwärtig ist es noch nicht möglich, AIDS zu heilen. Die Krankheit fordert also die Wissenschaft heraus, so wie es immer bestimmte Geißeln der Menschheit taten.

Auch die herkömmlichen Geschlechtskrankheiten konnte man erst erfolgreich mit der Erfindung des Penizillins behandeln. Vorher waren viele Kranke einem Siechtum ausgesetzt. Es ist sicher überhaupt ein Phänomen, daß wir bestimmte Erkrankungen besiegen, ihre Aggressivität abschwächen oder sie sogar ganz und gar in Vergessenheit geraten lassen. Denken wir zum Beispiel an Pokken oder Lungentuberkulose. Aber andere Erreger können aufgrund von veränderter Lebensweise, Umweltbedingungen und ähnlichem zu einer neuen Gefahr für den Menschen werden. Diesem Prozeß wird sich die Wissenschaft immer stellen müssen, wobei es aufgrund heutiger Voraussetzungen wesentlich schneller gelingt, Erreger zu erkennen und wirksame Gegenmittel zu entwickeln.

Der Kampf gegen AIDS ist ein internationales Anliegen, an dem sich auch die DDR beteiligt. AIDS ist inzwischen aus sehr vielen Ländern der Welt gemeldet worden. An der Spitze stehen einige Länder Amerikas und Afrikas.

Der Schutz vor AIDS bezieht sich insbesondere darauf, schnellen Partnerwechsel zu vermeiden, Sexualität nicht mit jemandem zu erleben, den man kaum kennt. Ein sicherer Schutz vor AIDS sowie den Geschlechtskrankheiten ist die Anwendung eines Kondoms. Das Sexualverhalten der Männer und Frauen bei uns ist wenig dazu geeignet, AIDS epidemisch zu verbreiten. Mit Sex wird kein Geschäft gemacht, käufliche Liebe ist verboten, wir kennen keine Rauschgiftprobleme. Es besteht also kein Grund zur Panik. Übertriebene Ängstlichkeit ist nicht vonnöten. Man kann also ruhig weiterhin guten Freunden die Hand geben. Das AIDS-Virus kann nicht durch Hautkontakte oder über die Atemwege übertragen werden. Außerhalb des Organismus geht es schnell zugrunde. Bei aller notwendigen Aufmerksamkeit, die man gegenwärtig AIDS schenkt, glaube ich, daß es auch noch genug andere Erkrankungen gibt, die die Menschheit beschäftigen, wie Krebs, an denen heute viele zu früh sterben. Damit wird nicht soviel Aufhebens gemacht. Wahrscheinlich bieten sich Krankheiten, die nichts mit Sex zu tun haben, auch nicht so sehr dazu an. Ich sage das, damit Du selbst diese Propaganda um AIDS einordnest und mehr Sicherheit gewinnst, daß in unserem Land alles dafür getan wird, die Bürger durch Aufklärung vor Ansteckung zu schützen sowie wissenschaftlich die Forschung an entsprechenden Behandlungs- und Heilmethoden zu unterstützen.

Es ist dennoch damit zu rechnen, daß zunehmend auch AIDS-Erkrankungen in der DDR auftreten werden. Darum ist es notwendig, sich über die Krankheit zu informieren, aufgeklärt zu sein und Vorbeugungsmaßnahmen zu kennen.

Schon wieder mal nicht abgewaschen

★ Manch einer hat es nicht leicht mit seinen Eltern. Sie wollen einfach nicht einsehen, daß aus Kindern Leute werden.

Nun kann man ihnen das auf sehr unterschiedliche Weise nahebringen. Zum Beispiel so: Verlangen, daß man öfter und länger weggehen darf. Sich über alles mokieren. Vater und Mutter die Erinnerung an eine eigene Jugend absprechen.

Oder so: Sagen, daß man zur Freundin geht, obwohl der Freund an der Ecke wartet. Gelangweilt tun. Schminke ins Gesicht werfen. Rauchen.

Bei einigen soll es damit geklappt haben: Jeden Tag freiwillig einkaufen gehen. Haushalt in Ordnung bringen. Sich mit den Geschwistern nicht zanken. Zugegeben, das dauert manchmal lange, bis die Eltern so etwas mitbekommen. Zuerst Genanntes geht wesentlich schneller.

Wer behauptet da, daß ich übertreibe? Beschwert Ihr Euch etwa nicht über Eure Eltern? Ehrlich gesagt, hat das wohl jeder irgendwann mal getan, wenn Interessen und Ansichten nicht mehr ganz übereinstimmten. Irgendwo muß sich jeder in dem Gewirr von Recht und Unrecht auch mal Luft machen. Das hat ja nicht gleich etwas mit Mißtrauen und Verrat zu tun. Und welchen Eltern gelingt es schon, sich so tadellos zu benehmen, daß niemals über sie gemeckert werden muß?

Und die Eltern? Haben sie nicht oft genug Grund, ebenfalls Klagen zu führen? Wir wollen es uns nicht einfach machen, indem wir alles wieder auf die Entwicklungsjahre schieben, die bekanntlich vorübergehen. Auch in dieser Zeit kann das Familienleben Spaß machen, wenn beide Seiten mit den richtigen Mitteln die kleinen Reibungen beseitigen. Wie das funktionieren kann, wo etwas zurückzunehmen und zuzugeben ist, wollen wir an einigen typischen Konfliktstoffen in der Familie untersuchen.

Was soll ich denn noch alles machen?

Mein Problem besteht darin, daß ich täglich Auseinandersetzungen mit meinem Vater habe. Es gibt Streit, wenn es um die Erfüllung von häuslichen Pflichten geht. Ich bin ehrlich, ich brauche mich nicht zu überarbeiten, aber wenn etwas zu tun ist, dann mache ich es auch. Mein Vater regt sich auf, wenn er zum Beispiel nach Hause kommt und ich lese oder Radio höre. Er sagt dann, daß mein Alltag nur aus Lesen, Radiohören und Fernsehgucken besteht. Oftmals hat er sich schon aufgeregt, wenn ich für die Schule gelernt habe und es war noch Abwasch da. Er wirft mir immer vor, daß ich nicht lerne, sondern nur so tue, um nicht abwaschen zu müssen. Allerdings verlangt er von mir, daß ich in der Schule gute und sehr gute Leistungen bringen soll. Er versteht nicht, daß man dafür auch etwas tun muß.

Kathrin, 13 Jahre

Liebe Kathrin!

So richtig bedauern kann ich Dich nicht. Ich glaube nämlich, daß mit Deiner Einstellung zu den Aufgaben in der Familie nicht alles in Ordnung ist. Und auch bei Deinem Vater stimmt etwas nicht. Ihr provoziert Euch gegenseitig, ohne auf den Kern der Sache zu kommen. Vielleicht finden wir ihn gemeinsam. Ich fange mal bei Dir an.

Zunächst eine Frage: Was glaubst Du, wie Erwachsene Beruf und Familie bewältigen? Von ihnen wird auch erwartet, daß sie gut arbeiten, eine Norm erfüllen. Sicher wärst Du sehr erstaunt, wenn Deine Mutter nichts einkaufen, gelegentlich mal das Waschen und Saubermachen und das Essenkochen verweigern würde, weil sie sich ja schließlich schon den ganzen Tag im Betrieb anstrengen mußte. Was für die Eltern die Arbeit ist, ist für Dich das Lernen in der Schule. Je älter Du wirst, um so selbstverständlicher sollte es werden, daß neben den schulischen auch andere Pflichten entstehen. Damit meine ich nicht gelegentliche Handreichungen, sondern ganz feste Aufgaben, die jeden Tag oder jede Woche zu erledigen sind. Dafür bist dann nur Du verantwortlich und für jeden in der Familie ist sichtbar, was Du wirklich gemacht hast.

Eine solche konsequente Aufgabenverteilung sollte sich auf alle Familienmitglieder erstrecken. Dann leistet jeder einen abrechenbaren Beitrag zur aufwendigen Hausarbeit und kann danach beurteilt werden. Es gibt so auch keinen Grund mehr, sich über Radiohören und Bücherlesen am Nachmittag aufzuregen, wenn Du Deine Aufgaben in guter Qualität erledigt hast. Die gegenwärtige Unzufriedenheit Deines Vaters hängt gewiß damit zusammen, daß er der Meinung ist, Du könntest etwas mehr tun, wenn Du Dich nicht hinter Lernen und nützlichen Freizeitinteressen verschanzen würdest. Du gibst selbst zu, daß Du Dich nicht gerade übernimmst. Was meinst Du aber, wer das besorgt, was Du liegenläßt? Sicher Deine Mutter. Bestimmt ist sie berufstätig. Leider ist es immer noch so, daß der Anteil der Mütter an der Hausarbeit unvertretbar hoch ist. Für sie beginnt praktisch zu Hause noch eine zweite Schicht. Eine der Ursachen dafür ist darin zu suchen, daß manche fast erwachsenen Kinder nur recht und schlecht auf Zuruf etwas helfen und auch Väter oft am Abend vor Erschöpfung in den Fernsehsessel fallen und sich bedienen lassen.

Darum bleibt genauso zu fragen, was Dein Vater zu Hause macht. Das, was er von Dir fordert, einen Teil der Freizeit den familiären Belangen zu widmen, gilt natürlich auch für ihn. In einer Familie, in der es feste Pflichten gibt und nur in begründeten Ausnahmefällen Nachsicht geübt

wird, kann es zu gegenseitigen Beschuldigungen, zuwenig getan zu haben oder faul zu sein, gar nicht kommen.

Darum möchte ich Dir raten, nicht weiterhin Deine Bemühungen um gute Zensuren ins Feld zu führen, wenn es um die Hausarbeit geht. Überlege Dir doch einfach einmal, was Du freiwillig jeden Tag übernehmen könntest, und bitte die Eltern, für jedes Familienmitglied etwas festzulegen. Es sollte Dir überlassen bleiben, wann Du diese Arbeiten ausführst. Wesentlich ist, daß der Tagesablauf der Familie garantiert bleibt und nicht ständig von den Eltern gemahnt oder nachgearbeitet werden muß. Es geht, um mich deutlich zu machen, sicher nicht, daß man den Abwasch von drei Tagen sammelt und dann keine Tasse mehr im Schrank ist und die Küche wie ein Schlachtfeld aussieht. Aber ob man nun vor oder nach den Schularbeiten abwäscht, das eigene Zimmer am Mittwoch oder Freitag reinigt usw., sollte einem selbst überlassen bleiben. Dabei lernt es jeder, mit der Zeit umzugehen und weitläufiger zu planen. Wer damit noch Schwierigkeiten hat und gern etwas vergißt, sollte sich einen Tagesplan machen.

Ich weiß nicht, ob Du Geschwister hast. In größeren Fa-

milien gibt es jedenfalls noch ganz andere Streitpunkte bei
der Verteilung der Hausarbeit, weil Jungen oft davon aus-
genommen oder sehr geschont werden. Sie werden von
vielen Aufgaben entlastet, haben tatsächlich den Tag für
sich und wundern sich später, wenn sie mit ihren Ehe-
frauen wegen ihrer Bequemlichkeit und Unfähigkeit Krach
bekommen. Ebenso können Mädchen, die sich zu Hause
für gar nichts interessieren, später die Eheharmonie mit
ihrer Unkenntnis und Faulheit erheblich stören.

Zu einer guten Vorbereitung auf ein späteres eigenes
Familienleben gehört es unbedingt, daß Mädchen und
Jungen gleichermaßen eine Einstellung zu familiären
Rechten und Pflichten bekommen und es auch lernen,
sauber und rationell einen Haushalt zu führen. Dabei gilt
bei Dreizehn-, Vierzehnjährigen bis zu einer Stunde täglich als zumutbar. Bei Fünfzehn- bis Sechzehnjährigen
kann es sich auf 1 $\frac{1}{2}$ Stunden steigern. Sicher müssen die
Aufgaben nicht mit der Wäscheschleuder verteilt werden.
Interessen und Fähigkeiten können durchaus berücksichtigt werden, mit unliebsamen Verrichtungen, wie Abwaschen, sollte jeder mal rankommen. Und es versteht sich

auch von selbst, daß in bestimmten Situationen Rücksicht genommen werden muß, daß dann ein anderer etwas mehr zupacken muß. Das können bei Dir Prüfungen oder sichtbare Schwierigkeiten in einem Fach sein. Bei den Eltern zählen hier Krankheit, Weiterbildung oder außergewöhnlich angespannte Arbeitssituationen.

Wenn die Schwester eine Petze ist

Ich habe eine siebenjährige Schwester. Wir streiten uns oft. Manchmal kann ich nicht in Ruhe meine Schularbeiten machen. Wenn ich mich aufrege, rennt sie zum Vater und klagt ihr Leid. Grundsätzlich bekommt sie recht, und ich habe an allem schuld. Sie ist eben sein Goldtöchterchen. Ich weiß nicht, was ich gegen diesen Zustand, der mich sehr belastet, tun kann. Manchmal habe ich den Eindruck, daß sie bewußt vorgezogen wird. Ist es möglich, daß mein Vater meine Schwester besser leiden kann als mich?

Nina, 14 Jahre

Liebe Nina!

Denke einmal darüber nach, worunter Du mehr leidest — unter dem häufigen Streit mit der Schwester, oder ist es das scheinbare Vorziehen ihrerseits durch den Vater? Letzteres wäre nämlich eine mögliche Ursache dafür, daß es zwischen Euch so oft zu richtigen Zankereien kommt. Ich will die Sache nicht damit schlichten, indem ich Dir sage, wie Du es sicher öfter gehört hast, daß Eltern ihre Kinder immer gleich lieb haben und daß es Vorrangstellungen nur in der Einbildung der Geschwister gibt.

Liebe — auch die zwischen Eltern und Kindern — ist nichts Festgeschriebenes, Gleichförmiges, sie entwickelt sich stets sehr individuell, ist abhängig von Persönlichkeitseigenschaften, gefühlsmäßigen Veranlagungen, stimmungsbedingten Situationen, von Verhaltensweisen. Es werden also selbst in der Familie Sympathien verteilt. Dennoch ist es nicht falsch, wenn Eltern sagen, daß sie ihre Kinder gleichermaßen lieben, aber eben jedes auf seine Weise. In einer Familie mit mehreren Kindern kann es passieren, daß dem Vater oder der Mutter eins der Kinder besonders seelenverwandt ist, daß es dann stärkere Bindungen gibt als mit einem anderen. Das gleiche können geistige Brücken, übereinstimmende Ansichten und Denkweisen bewirken.

Trotzdem wird damit die Gerechtigkeit nicht außer Kraft gesetzt. Entscheidend ist, daß Eltern besonders bei größerem Altersabstand ihrer Kinder differenzierte Entscheidungen treffen.

Vielleicht gibt es zwischen Deiner jüngeren Schwester und Deinem Vater wirklich so eine gleiche Wellenlänge, was Dich insgeheim ärgert und Dich zu provozierendem Verhalten ihr gegenüber veranlaßt. Wir wollen bei dieser Familienproblematik auch nicht unberücksichtigt lassen, daß sie als die Jüngste in der Runde immer etwas abgeschirmt wird. Wenn es auch nicht ganz richtig ist, so muß man, wenn man doppelt so alt ist wie die Schwester, schon den Anspruch gelten lassen, die Größere und damit die Vernünftigere zu sein.

Das bedeutet für Dich, Nina, der Schwester gegenüber klug und überlegen aufzutreten, mehr zu erklären und weniger unwirsch zu reagieren, wenn sie Dich mit ihren Kindereien stört. Rücksichtnahme ist für ein harmonisches Zusammenleben ein ganz wichtiges Prinzip, aber diese Einsicht ist bei einem siebenjährigen Mädchen noch nicht so ausgeprägt.

Indem Dein Vater die Petzerei überhaupt zuläßt, sich in

den normalen und überall vorkommenden Geschwister-
streit so einseitig einschaltet, begünstigt er durchaus bei
Deiner Schwester egoistische und rechthaberische Züge.
In anderen Kollektiven, wo sie sich nicht mehr mit so pri-
mitiven Methoden ins Bild rücken können, haben es solche Nachkömmlinge oft sehr schwer, sich durchzusetzen
und Anerkennung zu finden. Deine Forderung an den Vater ist darum richtig, den Geschwistern die Klärung von
Streitereien selbst zu überlassen und sich nur in außergewöhnlichen Fällen als Schiedsrichter einzuschalten.

Da Dein Vater aber diese Konsequenz für sich noch
nicht erkennt, möchte ich Dir raten, solche Auftritte, wo
die Kleine heulend zu ihm rennt, zu vermeiden. Ich
meine, Nina, Du hast es in der Hand, wie sehr sich ein
Konflikt in Eurem gemeinsamen Zimmer zuspitzt. Ich bin
nicht dafür, immer nachzugeben, aber doch abzuwägen,
wo sich ein Wortgefecht lohnt und wo vielleicht mehr erreicht wird, wenn man überhaupt nicht reagiert, die
Schwester ablenkt beziehungsweise auf sie eingeht. Vielleicht mußt Du auch noch mehr daran arbeiten, mit ihr ein
ansonsten gutes Verhältnis herzustellen. Ich meine, es ist
nichts Ehrenrühriges, wenn Du mit der Jüngeren öfter mal
spielst oder mit ihr ab und zu gemeinsam etwas unter-
nimmst. Das, so finde ich, kann bei ihr ein Gefühl der
Achtung vor der größeren Schwester erzeugen und positiv auf ihr Verhalten Dir gegenüber wirken.

Ein Wort mit dem Vater halte ich trotzdem für angebracht. Aber ein Gespräch, wenn alle gerade verärgert
und aufgebracht sind, ist bei seiner Position, die Kleine
immer in Schutz zu nehmen, völlig verfehlt. Versuche
doch einmal, in guter Stimmung ganz allein an Deinen Vater heranzukommen, hole ihn zum Beispiel von der Arbeit
ab. Ich würde dann auch nicht Beschwerde über die
Schwester führen, sondern ihn einfach nur bitten, sich
mehr herauszuhalten.

Sind die Eltern zu streng?

Meine Omi hat mich an Sie verwiesen, als ich mit meinen Problemen zu ihr kam. Ich habe zu Hause gegenüber anderen viele Pflichten wie aufwaschen, Wäsche waschen und aufhängen, Eimer ausleeren, Haus wischen, Kellerordnung erledigen, Kinderzimmer, Bad, Vorsaal reinigen, Fenster putzen und vor allem meinen achtjährigen Bruder versorgen. Meine Eltern sind beide in unserer Drogerie von 8 bis 18 Uhr tätig. Mutti ließ sich scheiden, als ich 3 Jahre alt war. An meinem 5. Geburtstag heiratete sie wieder, unseren jetzigen Vati. Von ihm ist auch mein Bruder. Meine Eltern sind mir gegenüber sehr streng. Ich darf nicht ins Kino, weil sonst mein Bruder allein ist, vielleicht drei- bis viermal im Jahr zur Disko. Meine Freundinnen gehen fast jede Woche einmal. Abends muß ich um 18 Uhr zu Hause sein, wegen Abendbrot usw., um 21 Uhr muß ich ins Bett. Nun war ich in diesen Ferien von der Schule aus 12 Tage im FDJ-Schulungslager. Ich habe dort einen Jungen kennengelernt, der mir sehr gefällt. Ich liebe ihn, und er liebt mich. Das braucht man sich nicht zu sagen. So etwas merkt man! Nun gibt es ein Problem, er wohnt eine gute Stunde Bahnfahrt von mir entfernt. Wir hatten uns ausgemacht, daß ich in der letzten Ferienwoche zu ihm komme. Zu Hause angekommen, deutete ich an, daß ich in den Ferien mal in die Bezirksstadt fahren will. Mutti hat ganz entsetzt gefragt, ob es diese Ferien sind. Da hab ich gleich gesagt, daß die Herbstferien gemeint sind. Am verabredeten Tag stand ich 5.30 Uhr auf und verließ gegen 5.40 Uhr die Wohnung. Ich verbrachte den Tag mit ihm, seiner Schwester und noch ein paar Leuten aus dem Lager. Es war sehr schön. Pünktlich gegen 17 Uhr war ich wieder zu Hause. Da war mein Zimmer zugesperrt, und ein Zettel hing an der Tür: „Sofort anrufen, dringend!" Am Telefon schnauzte mich mein Vater voll, wo ich in der Nacht war und daß die Polizei mich sucht. Als er nach Hause kam, verlangte er eine lückenlose Angabe der Tätigkeiten von mir, mit denen ich den Tag ausgefüllt habe. Nun stehe ich unter totaler Kontrolle! Darf nur noch mit meinen Eltern außer Haus, nur mit ihrer Erlaubnis die Wohnungstür öffnen, kein Kino, keine Disko, den Wohnungsschlüssel haben sie mir weggenommen. Ich darf nur noch zu Schulpflichtveranstaltungen, kein Schulungslager mehr oder woandershin. Nach dem Abendbrot ins Bett. Kein Taschengeld mehr. Nicht einmal allein zu Hause bleiben darf ich. Ich habe mit meiner Oma über alles gesprochen. Sie hat mich verstanden und würde mir so gern helfen. Nun frage ich Sie, haben die Eltern ein Recht, so zu reagieren? Ist es angebracht, so ein Faß wegen eines halben Tages aufzumachen? An seine Kindheit scheint mein Vater überhaupt nicht zu denken. Er hat schon mit 14 Jahren Radtouren mit Übernachtungen unternommen, und ich darf nicht mal tagsüber wegfahren. Na ja.

Maika, 15 Jahre

Liebe Maika!

Ich finde auch, daß Deine Eltern es mit ihren Maßnahmen ganz schön übertreiben. Aber ich will Dir gleich sagen, daß Du kein Einzelfall bist. So verschobene Maßstäbe über das, was man zulassen kann und verbieten muß, sind besonders dort zu beobachten, wo es wesentlich jüngere Geschwister gibt. Es wird dann zuviel im Interesse des jüngsten Kindes geregelt und vergessen, daß Jugendliche bereits eigene Bedürfnisse haben. Das ist zwar tröstlich für Dich, trägt aber nicht gerade zur gegenseitigen Achtung bei. Aus den Maßnahmen Deiner Eltern spricht blinde Wut, die Einsichten niemals befördern kann. Nun kann man das ungerecht finden, wie man will, aber Fakt ist, daß die Eltern vom Gesetz her bis zum 18. Lebensjahr zu bestimmen haben, was man tun und lassen darf.

Ich stelle fest, daß Du trotz der Strenge Deiner Eltern ein selbstbewußtes Mädchen bist und zumindest versuchst, Deine Wünsche nach Ausgang, nach Selbständigkeit, nach Kontakt mit Freunden in die Diskussion zu bringen. Du weißt selbst, daß es nicht ganz richtig war, die Eltern mit der heimlichen Fahrt zum Freund einfach vor vollendete Tatsachen zu stellen. Aber ich sehe natürlich auch ein, daß Du keine andere Wahl hattest, um Dich mit Deinem Freund zu treffen. Indem Deine Eltern nun nach dieser Eigenmächtigkeit mit besonders harten Auflagen reagieren und leider auch Strafen anwenden, die mit dem Vergehen gar nichts zu tun haben, ist jetzt schon abzusehen, daß diese Maßnahmen nicht auf Dauer durchzuhalten sind. Natürlich ist nicht damit zu rechnen, daß sie offiziell etwas zurücknehmen. Es gelingt Eltern zu selten, Fehlentscheidungen oder Übertreibungen zuzugeben. Aber ich finde, darauf mußt Du auch nicht pochen.

Ich meine, Du solltest bei der Erfüllung aller häuslichen Pflichten Dir auch immer wieder das Recht geben, die Diskussion über Deine Interessen zu Hause zu führen.

Ganz offensichtlich fürchten Deine Eltern um den Verlust ihrer Autorität, wenn sie Dich im Gegensatz zu dem jüngeren Bruder schon wie einen Partner behandeln und Dein Erwachsenwerden mehr respektieren. In der guten Absicht, den Lebensweg des Kindes von allen Störungen frei zu halten, begehen sie manchen Fehler. Um ein dem Alter angepaßtes Vertrauensverhältnis muß man aber kämpfen. Dabei wäre es klug, auch Verständnis für die Eltern aufzubringen, die sich mit ihren Anordnungen und Strafen, die vielleicht für kleine Kinder geeignet sind, hilflos zeigen. Organisiere also Deinen Eltern auch mal Kontakt zu Freundinnen, die sie von ihrem Verhalten her akzeptieren können. Bitte Deinen Klassenlehrer, über Frei-

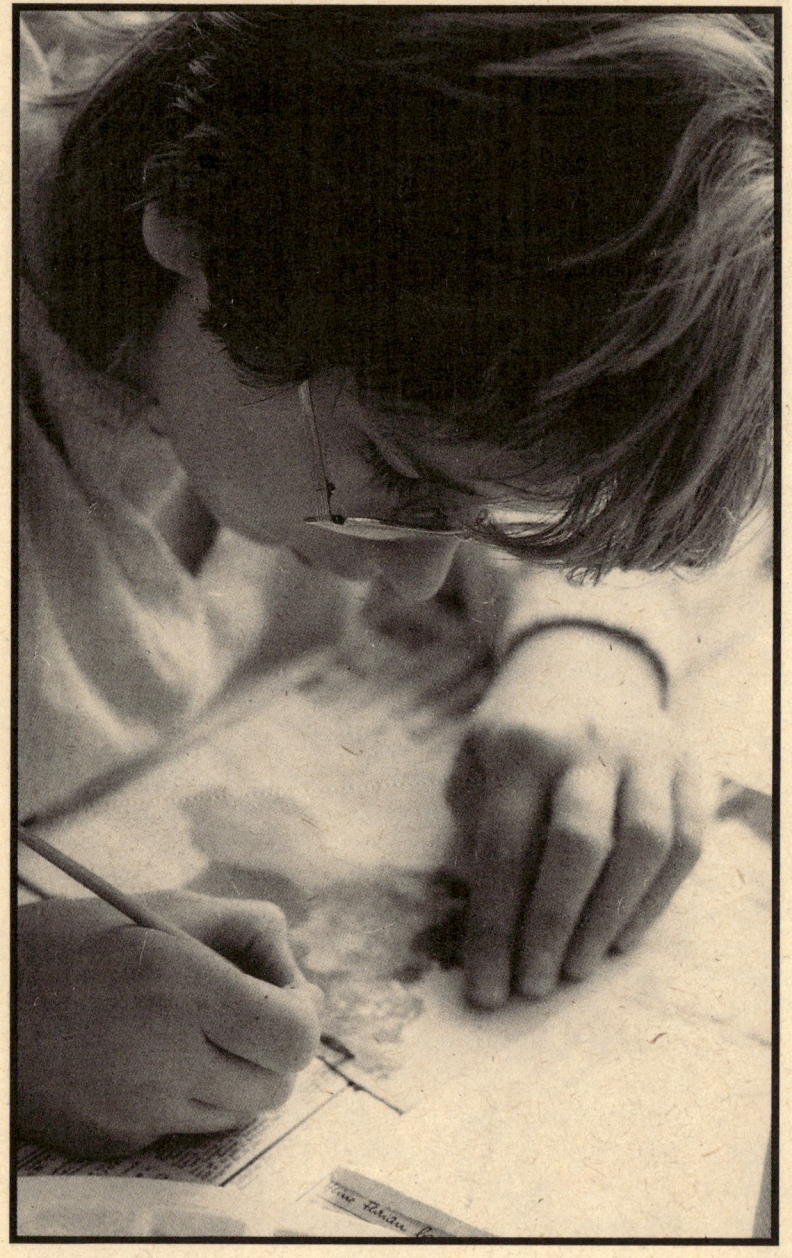

zeitbedürfnisse Jugendlicher und über Maßstäbe von Eltern in einer Elternversammlung zu sprechen. Es ist notwendig, daß Väter und Mütter miteinander diskutieren, was man gestatten und was man verbieten muß.

Sehr wichtig finde ich es, daß die Oma Deine Verbündete ist. Wenn sie Dir geraten hat, mir zu schreiben, dann sollte sie auch den Mut finden, aus ihrer Erfahrung heraus das Gespräch mit Deinen Eltern zu führen. Außerdem kann eine solche Oma auch einmal etwas abdecken, womit man Eltern, die vorsichtshalber und aus Prinzip immer nein sagen, nicht unbedingt beunruhigen muß. Ich will Dich nicht zu Tricks und kleinen Komplotten ermutigen, aber manchmal braucht man so etwas als moralische Stütze, bis das Gleichgewicht in der Familie hergestellt ist. Und Omas können sehr gut einschätzen, was gegenüber den Eltern zu verantworten ist. Manchmal reicht es ja schon, sich bei einem verständnisvollen Menschen ein bißchen auszuquatschen und allen Kummer abzuladen. Du solltest Dich da an Deine Oma halten, weil sie Dir bestimmt auch immer sagt, wo Forderungen zu weit gehen und Du übertreibst.

Kindermädchen für die kleine Schwester?

Im Ferienheim lernte ich Jörg kennen, einen fünfzehnjährigen Jungen. Jörg hat eine Schwester. Sie ist knapp 3 Jahre alt. Er mußte nicht nur der große Bruder, sondern auch Vater und Mutter sein für die Kleine. Von früh bis spät war er der Beschützer. Am vorletzten Abend fand dann eine Disko statt. Wir Jugendlichen saßen alle an einem Tisch. Da wir wußten, daß Jörg wegen seiner kleinen Schwester wieder nicht kommen konnte, hatten wir uns vorher mit ihm verabredet. Gesagt, getan. Um Punkt

21 Uhr standen wir vor seiner Zimmertür. Seine Eltern saßen unten und hatten allen Grund, fröhlich zu sein. Sie hatten ja auch keine Sorgen mit der Kleinen. Einer von uns klopfte an die Tür, doch uns wurde nicht geöffnet. Jörg stand hinter der Tür und sagte uns, daß er nicht rauskönne, da abgeschlossen sei. Wir regten uns alle ziemlich auf. Ich wollte ihm helfen, wußte aber nicht, wie. Gegen 22 Uhr sprach ich dann seine Eltern an. Wo Jörg sei und daß ich ihn noch gar nicht gesehen habe. Die Mutter sagte bloß, daß Jörg für so etwas nicht zu haben sei.

Am anderen Tag spielten Jörg und ich Karten im Gesellschaftsraum. Draußen standen seine Eltern. Diana lief über den Platz und stolperte. Sie stürzte und fing an zu weinen. Kaum daß das geschehen war, kam der Vater auch schon rein und holte Jörg raus. Wir sahen durchs Fenster, wie er angeschimpft wurde, weil seine Schwester gestürzt war. Erst eine knappe viertel Stunde später kam Jörg wieder. Diesmal mit Diana. Wir spielten mit ihr, um sie abzulenken.

Dazu muß gesagt werden, daß Jörg aus erster und Diana aus zweiter Ehe ist. Nun meine Frage: Wie kann ich Jörg helfen?

Anja, 14 Jahre

Liebe Anja!

So wie Du die Situation beschreibst, glaube ich auch, daß Jörg von seinen Eltern überfordert wird und sie es sich mit der Betreuung des Nachkömmlings sehr einfach machen. Sie unterdrücken bewußt ganz natürliche Bedürfnisse und Interessen eines Jugendlichen und isolieren Jörg damit von Gleichaltrigen. Nun hilft es dem Jungen sicher am wenigsten, wenn Du ihn bedauerst. Jörg ist immerhin 15 Jahre und muß selbst eine Position zur Situation in der Familie finden. Bei den meisten Fünfzehnjährigen würde diese Art des Gehorsams gar nicht mehr funktionieren, weil sie den Eltern längst deutlich klargemacht haben, daß sie bereits eigene Lebensbereiche haben und nicht mehr völlig vereinnahmt werden können. Meist ist in diesem Alter auch der kritische Blick dafür gewachsen, daß die Eltern ihre Verantwortung für die kleine Tochter nicht richtig wahrnehmen, wie auch der Mut vorhanden ist, sich darüber mit ihnen auseinanderzusetzen. Damit ist nicht gemeint, daß ein Fünfzehnjähriger nicht ab und zu seine kleine Schwester betreuen kann und den Eltern auch im Urlaub mal ermöglicht, einen ungestörten Abend zu verbringen. Wenn aber diese Aufgaben nur auf den Jungen verlagert werden, weil Vater und Mutter meinen, daß er sowieso nichts anderes vorhätte, sich für nichts anderes interessieren würde, dann stimmt tatsächlich in der Haltung der Eltern zu den Freizeitansprüchen eines Jugendlichen nicht alles. Aber wie gesagt, ich sehe diese Enge und Einseitigkeit nicht nur bei den Eltern.

Trotz aller Autorität der Eltern, die natürlich durch Einschließen im Zimmer der beiden Geschwister eine unvertretbare Form erreicht, scheint mir dennoch, daß sich Jörg auch nicht altersgerecht verhält. Er demonstriert zuwenig eigene Interessen, hat keine eigene Meinung. Nun kann man sicher zu seiner Entlastung sagen, daß die Eltern eine solche Entwicklung nicht fördern, sondern unterdrücken. Aber man ist schließlich nicht nur ein Produkt elterlicher Erziehung, man hat Freunde, man sieht zumindest, womit sich andere beschäftigen. Da können nicht solche Vorbild sein, die nichts zu Hause zu tun haben, die sich widerspenstig und aufsässig benehmen. Auch jene sind nicht der Orientierungspunkt, die immer noch glauben, ein Junge hätte es nun schon gar nicht nötig, familiäre Aufgaben mit zu übernehmen. Ich hoffe, daß auch Du, Anja, das Problem des Jungen nicht aus diesem Blickwinkel verschärft siehst und ihn mehr bedauerst als ein Mädchen in gleicher Lage.

Es hat wenig Sinn, ihn gegen die Eltern aufzuwiegeln und ständig Empörung über ihr Verhalten zu äußern. Wenn Du dem Jungen helfen willst, weiterhin hilfsbereit, aber doch stabil und charakterfest in der Familie aufzutreten, dann mußt Du ihn anstacheln, feste Aufgaben und Interessen nach dem Schultag für sich zu finden und mehr Mut für eigene Entscheidungen zu entwickeln. Ich denke an regelmäßige sportliche Betätigung, an eine Arbeitsgemeinschaft, an Freunde, mit denen man etwas gemeinsam unternimmt. Wenn die Eltern solche berechtigten Wünsche total behindern, weil sie Angst haben, das stets einsatzbereite Kindermädchen zu verlieren, dann muß er sich Verbündete suchen, die mit den Eltern aus pädagogischer Sicht diskutieren können. Diese wird er aber nur finden, wenn er sich auch anderswo unentbehrlich macht. Es wäre sehr zu wünschen, daß Jörg recht bald diesen Sprung in seiner Persönlichkeitsentwicklung schafft. Gegenwärtig befindet er sich im Stadium eines stummen Dulders und Duckmäusers. Solche Menschen haben es in unserer auf Auseinandersetzung eingerichteten und vorwärtsdrängenden Zeit sehr schwer, eigentlich können wir sie uns gar nicht leisten.

Ich habe Deinem Problem, Anja, ganz bewußt den Brief von Maika vorangestellt. Sie ist fast in der gleichen Lage wie Jörg. Auch sie muß sich zunächst einmal den harten Anweisungen der Eltern beugen. Aber bei ihr ist mir gar nicht bange, daß sie trotz vorübergehender Behinderungen einen kritischen Blick für alles behält und weiterhin wichtige Fragen stellt. Bei Jörg kann ich das nicht so klar sehen.

Das Taschengeld durch Zugriffe aufbessern?

Meine Eltern haben kein Vertrauen mehr zu mir. Ich weiß, daß ich einen großen Fehler gemacht habe, indem ich in einem unbeobachteten Moment in der Wohnung meiner Freundin Geld wegnahm. Ich wollte auch mal soviel Geld haben wie andere in meiner Klasse, die mit Taschengeld herumprotzen. Zu Hause muß ich auch über die Ausgaben von meinem Taschengeld Rechenschaft ablegen. Im Prinzip bezahlen meine Eltern alles, was ich brauche. Somit brauche ich nicht sehr viel für persönliche Ausgaben. Ich habe meine Handlung gleich bereut, aber ich konnte das Geld nicht mehr zurücklegen. So habe ich es schnell ausgegeben, eine Kette und Zigaretten gekauft. Jetzt in den Ferien arbeite ich, um den Schaden wiedergutzumachen. Meine Freundin hat mir verziehen. Aber meine Eltern halten mir diese Geschichte bei jeder Kleinigkeit vor.

Carola, 14 $^3/_4$ Jahre

Liebe Carola!

Es ist gut, daß Du um das Vertrauen Deiner Eltern ringst, aber Du darfst ihnen keinen Vorwurf machen, wenn sie nicht ganz so schnell vergessen können wie Deine Freundin. Deine Eltern haben eine ganz andere Beziehung zu Dir, messen an dem, was Du leistest, wie Du handelst, ihr eigenes Vorbild, die Qualität ihrer Erziehung über viele Jahre. Deine langen Finger in die Geldbörse Deiner Freundin haben Deine Eltern ganz bestimmt tief getroffen. Es ist nicht nur die unangenehme Situation, die Peinlichkeit vor anderen Eltern und Jugendlichen der Umgebung, die von

Deiner Verfehlung wissen. Es ist zuerst die bohrende Frage, was sie wohl selbst falsch gemacht haben.

Da gibt es sicher einiges, was Dein Fehlverhalten begünstigt hat. Ich möchte jedoch betonen, daß ein Jugendlicher von 14 Jahren genügend Wertmaßstäbe besitzen müßte, um nicht gegen die Normen und Werte der Gesellschaft zu verstoßen. Mit 14 Jahren bist Du auch dem Gesetz nach straffähig, das heißt, daß Du für jedes Vergehen zur Verantwortung gezogen werden kannst. Schon als Kind lernt es jeder, zu verstehen, daß man nicht alles haben kann, was man sieht, daß die Wünsche den eigenen Möglichkeiten angepaßt werden müssen. Sehr großzügiger Umgang mit Geld, aber auch übertriebene Sparsamkeit im Elternhaus können solche Einsichten versperren.

Ein Problem ist gewiß das Zumessen und der Verbrauch des Taschengeldes. Ich halte nichts von der Variante, die Du auch in Deinem Brief erwähnt hast, sozusagen ohne festen Bezug das von den Eltern bezahlt zu bekommen, was man gerade so braucht. Ebenso ist es nicht richtig, das Taschengeld bei den Eltern abrechnen zu müssen. Es spricht jedoch nichts dagegen, wenn in frühen Kinderjahren mal danach gefragt wird, wofür das Geld ausgegeben wurde. Schließlich soll auch gelernt werden, Geld sinnvoll einzusetzen, notwendige Ausgaben zu planen und es über einen gewissen Zeitraum einteilen zu können. Kontrollen auf Heller und Pfennig schränken diese Entwicklung zur Selbständigkeit aber sehr ein und sind in Deinem Alter völlig verfehlt. Dein Brief macht auf eine Erscheinung aufmerksam, die mir schon öfter in Diskussionen mit Eltern und Schülern begegnet ist: Das Taschengeld wird in sehr unterschiedlicher Höhe gewährt. Bei Schülern einer Klasse kann das Überheblichkeit auf der einen und Neid auf der anderen Seite aufbauen. Es gibt immer Mädchen und Jungen, die kaum eigenes Geld haben, andere wiederum können damit sogar die Schulfreunde freihalten. Es läßt sich dabei der Eindruck nicht ganz unterdrücken, daß manche materielle Großzügigkeit der Eltern ein Ausgleich für zuwenig Zeit und Zuwendung sein soll.

Aber selbst mit solchen Unterschiedlichkeiten muß jeder zurechtkommen. Auch später, wenn Du eigenes Geld verdienst, werden Dir welche begegnen, die mehr haben als Du. Noch lange haben wir nicht ein solches gesellschaftliches Niveau erreicht, das es zuläßt, nach Bedürfnissen zu verteilen. Fähigkeiten und Leistungen werden noch über weite Entwicklungsphasen der Maßstab sein. Dieses System zu vervollkommnen, Ungerechtigkeiten, subjektive Bewertungen weitestgehend auszuschließen sind gegenwärtige Aufgaben. Wer da irgendwo eigenmächtig zugreift, sich einfach etwas nimmt, weil es andere auch haben, behindert eine gerechtere Verteilung.

Die Haltung zum Geld, zum Eigentum an sich, zeigt sich zunächst im ganz kleinen privaten Bereich. Unehrlichkeit, Unbeherrschtheit können aber auch schnell anderswo ihre Fortsetzung finden – im Selbstbedienungsladen, an der Kasse des Vertrauens, im Materiallager des Betriebes . . .

Ich bin mir ganz sicher, daß Dir der Diebstahl bei der Freundin und seine Auswirkungen eine Lehre fürs Leben erteilt haben. Aus den gerade genannten Gründen verstehe ich aber auch die Beunruhigung Deiner Eltern. Sicher ist es nicht richtig, bei jeder Gelegenheit wieder darauf zurückzukommen und Dir das vorzuhalten. Aber bis Gras über die Sache gewachsen ist, wird es noch eine Weile dauern. Lege jetzt nicht jedes ihrer Worte auf die Goldwaage. Wenn Du selbst eine Position zu Deinem Verhalten gefunden hast, können Dir auch ungerechtfertigte Bemerkungen nichts anhaben. Können Deine Eltern auch nach Monaten keinen Schlußstrich ziehen, führe mit ihnen ein Gespräch, das nicht in einer Verteidigungssituation zustande kommen sollte. Vielleicht sitzt Ihr am Sonntag beim Frühstück zusammen. Das wäre eine Gelegen-

heit, den Eltern zu sagen, wie sehr Dich ihr ständiges Mißtrauen belastet und daß Dir die dauernden Anspielungen
kaum eine Chance geben, wieder völliges Einvernehmen
herzustellen.

Immer mit in den Garten?

Ich bin mit einem sechzehnjährigen Jungen befreundet.
Die Woche über ist er in einem Lehrlingsinternat, und an
den Wochenenden muß er mit seinen Eltern in den Garten
fahren. Wir haben kaum eine Gelegenheit, uns zu treffen.

Ramona, 14 ¹/₂ Jahre

Meine Eltern haben einen Garten und zwingen mich jedes
Wochenende, dorthin mitzufahren. Ich langweile mich im
Garten und würde lieber mit meinen Freundinnen zusammen sein. Warum soll es nicht möglich sein, daß ich auch
mal allein zu Hause bleibe? Was soll da schon passieren?

Susanne, 13 Jahre

Liebe Ramona, liebe Susanne!

Immer mehr Familien finden Gefallen an einem Kleingarten. Überall an den Stadträndern sind neue Siedlungen
des Verbandes der Kleingärtner, Siedler und Kleintier-
züchter zu entdecken. Damit stellen sich ganz neue Fragen für die Freizeitgestaltung innerhalb einer Familie. Zunächst einmal ist so ein Garten natürlich ein Gemeinschaftsunternehmen. Er befriedigt die Sehnsucht des
Stadtmenschen nach Natur, Bewegung und Entspannung,
wenn wir von einigen absehen, die das Grundstück aus-
putzen wie einen Verschnitt von Sanssouci.

Bleiben wir aber bei den durchschnittlichen Gartenbesitzern, so ist der Rahmen für die Freizeitgestaltung in der warmen Jahreszeit für alle abgesteckt. Vielfach lassen sich Eltern beim Erwerb eines Gartens sogar davon leiten, daß die Kinder an die frische Luft müssen, daß sie hier mehr Freiräume für Spiel und Sport haben als in der Stadt. Um so größer muß die Enttäuschung sein, wenn im jugendlichen Alter diese Möglichkeit nur noch mit Widerwillen genutzt wird. Ganz offenbar macht man in diesen Fällen auf beiden Seiten etwas falsch.

Der Garten muß junge Leute nicht in die Isolierung führen, wenn die Eltern etwas kompromißbereiter auf teilweise verständliche Wünsche nach Kontakt mit Schulfreunden auch am Wochenende eingehen. Warum sollte es nicht möglich sein, hin und wieder einen Gast einzuladen?

In einem Garten läuft Gastlichkeit sowieso unkomplizierter und legerer ab, bis hin zu der Verpflichtung, daß die jungen Leute für sich selbst zu sorgen haben. Im Hinblick auf feste Aufgaben für alle Wochenendler ist es möglich, auch im Garten mit Freunden zu übernachten. Ein älteres Zelt findet sich, wenn nicht vorhanden, ganz bestimmt im Bekanntenkreis. Da muß man schon wegen der Abenteuerlichkeit eines solchen Unternehmens den jungen Leuten nicht soviel Komfort aufdrängen beziehungsweise gegen solche Wünsche sein, weil nicht alles so ist wie zu Hause. Klappen solche Einzelbesuche, fällt man niemandem zur Last, kann vielleicht auch in jedem Sommer mit Freunden eine Gartenfete gefeiert werden.

Es gibt jedoch ganz verständliche Gründe, warum Eltern solche Unternehmungen mit Argwohn betrachten und von vornherein dagegen sind. Wer den Garten nur als Naherholungsgebiet betrachtet, kann nicht mit ihrem Entgegenkommen rechnen. Sicher wird Gartenarbeit von Mädchen und Jungen meist als stupide und langweilig empfunden, aber mit einem abgesteckten und überschaubaren Verant-

wortungsbereich würde vielleicht auch das Interesse wachsen. Es kann nichts schaden, wenn häufige Gartengäste in Absprache mit den Eltern in einer arbeitsintensiven Zeit mal einen kleinen Einsatz starten. Erholung tritt nämlich nicht nur dann ein, wenn in der Sonne gelümmelt, mit dem Rad die Gegend unsicher gemacht wird und nur noch die Mahlzeiten ein Anlaufpunkt in der Laube sind.

Eine aktive Beziehung zum Garten zu entwickeln, für die Eltern und Kinder etwas tun können, halte ich für besser als das Zuhausebleiben am Wochenende. Da das hier behandelte Problem vorwiegend dreizehn- bis sechzehnjährige Mädchen und Jungen beschäftigt, ist meist die Sorge und das Verantwortungsbewußtsein der Eltern noch so groß, daß ihnen das Alleinsein des Kindes zu Hause zu risikovoll ist. Mir scheint es auch nicht im Interesse einer aktiven Erholung zu sein, was nicht ausschließt, öfter zu gestatten, daß Tochter oder Sohn später in den Garten nachkommen dürfen. Eltern sollten so fair sein, daß sie die Zeit, die sie aufgrund von gesellschaftlichen Verpflichtungen und persönlicher Vorhaben manchmal für sich in Anspruch nehmen, für die Heranwachsenden ebenso gelten lassen. Es ist weder für Eltern noch für Kinder zu befürworten, sich über Monate von allen geistig-kulturellen Erlebnissen fernzuhalten, damit der Garten bewirtschaftet werden kann.

Ich möchte besonders Dich, Susanne, darauf aufmerksam machen, daß ein Kleingarten ebenso dazu dienen kann, neue Freunde kennenzulernen. Ich beobachte, daß das gemeinsame Interesse für einen Garten die Familien wieder mehr nach außen öffnet, daß es eher zu vertraulichen und engen Kontakten untereinander kommt als in der abgeschlossenen Stadtwohnung. In diesem Sinne werden durch den Garten auch jung und alt mehr zusammengeführt, und man sollte diese Kontakte und Eindrücke für die eigene Persönlichkeitsentwicklung nicht ausschlagen.

Alle meckern rum

Ich habe große Probleme mit meiner Familie. Meiner Mutter paßt es nicht, daß ich mich nicht für Handarbeiten interessiere. Meine große Schwester ärgert mich, weil ich Fan einer bestimmten Gruppe bin und dauernd Musik höre. Mutti greift immer in meine Freizeit ein und erteilt Aufträge. Meine Oma hat etwas gegen meinen Freund. Niemand versteht mich.

Manuela, 13 Jahre

Liebe Manuela!

Daß im Moment alles so ein bißchen quer läuft, hat natürlich am allermeisten mit Dir selbst zu tun. Die Diskussionen mit der Familie könntest Du aus der linken Westenta-

sche bestreiten, wenn Du zu all den Dingen eine feste und überzeugende Auffassung hättest. Aber wahrscheinlich weißt Du selbst nicht so genau, wo Deine wirklichen Interessen liegen, warum Du Dich so und nicht anders entschieden hast. Dieser Konflikt bricht auf, wenn Erwachsene Forderungen an Dich stellen, Erwartungen äußern, eine Meinung haben. Auf alles reagierst Du gleichermaßen beleidigt, fühlst Dich angegriffen und unverstanden. Im Prinzip sind es lächerliche Kleinigkeiten, die zwischen Euch stehen. Meinst Du nicht auch, daß die Erwachsenen ebenso behaupten könnten, Du würdest sie nicht mehr verstehen?

Du solltest Dich bemühen, Dich in sachlicher Weise mit Forderungen und anderen Ansichten auseinanderzusetzen und auch hin und wieder zuzuhören, ob nicht doch ein Fünkchen dran ist an dem, was gesagt wird. Mit blinder Opposition, Verstecken in einer Kuschelecke und dem Weltschmerz der Unverstandenen zeigst Du Dich nicht sehr erwachsen. Die Reifezeit verlangt gegenseitige Rücksichtnahme. Auch Eltern dürfen ruhig mal übersehen, wenn Dreizehnjährige mitunter mit dem linken Bein aufstehen.

Übrigens, Handarbeiten zu können ist weder altmodisch noch kindlich. Was Du jetzt als angeordnete Beschäftigung empfindest, macht Dir ein Jahr später Freude, weil Du Dir selbst etwas anfertigen kannst. Es gibt keinen Grund, sich dagegen zu wehren, wenn Dir die Mutter beibringen möchte, wie gestrickt, gehäkelt, genäht wird.

Deiner Schwester fällst Du mit Deiner Schwärmerei für eine Gruppe manchmal bestimmt auf den Wecker. Ich habe nichts gegen Deine Begeisterung, aber Du solltest trotzdem überlegen, ob Deine Orientierung nicht zu einseitig ist. Wenn Du nämlich über weiter nichts reden kannst, alle Wände voller Bilder von Deinen Angebeteten klebst und ihnen nachäffst, wirkt das auf eine größere Schwester, die diese Phase bereits hinter sich hat, wahrscheinlich etwas lächerlich. Daß der Oma der Freund nicht gefällt, würde ich überhaupt nicht tragisch nehmen. Erkläre ihr doch lieber, warum Du ihn gern hast. Bestimmt versteht sie Dich dann besser und stellt ihre kleinen Sticheleien ein. Wenn Deine Mutter auf die Idee kommt, in Deine Freizeit einzugreifen, könnte das auch den Grund haben, daß Du zu unproduktiv bist und neben Musikhören gar keine Interessen ausbildest. Das ist zuwenig, findest Du nicht auch?

Eine Freundin mit schlechtem Ruf

Ich habe eine Freundin, sie ist genauso alt wie ich und wohnt in meinem Haus. Ich verstehe mich mit ihr prima, doch meine Mutti sieht es nicht gern, wenn ich mit ihr zusammen bin, weil sie früher öfter mit Jungs etwas hatte. Was jetzt aber nicht mehr der Fall ist. Trotzdem darf ich nicht mit ihr zusammen sein. Meine Mutti denkt gleich, ich treibe mich auch mit Jungs rum. Wenn ich mich nun doch mit ihr treffe, bekomme ich Stubenarrest, aber ich will nicht die ganze Woche oben hocken.

Christin, 13 Jahre

Meine Freundin hatte vor einiger Zeit viele Jungenbekanntschaften gehabt und sich somit einen schlechten Ruf geschaffen. Doch sie hat sich in dieser Hinsicht positiv geändert. Meine Mutter jedoch glaubt an dieses Wunder nicht und hat darum etwas gegen unsere feste Freundschaft. Sie versucht mich an jedem Zusammenkommen mit ihr zu hindern. Sie will uns mit Gewalt trennen, doch wir halten zusammen. Sie hat wahrscheinlich Angst, daß ich mal so werde wie meine Freundin vorher.

Anja, 14 Jahre

Meine Eltern haben etwas gegen meinen Freund, nur weil er raucht. Ich verstehe mich aber sehr gut mit ihm und muß doch deswegen nicht auch gleich rauchen. Aber ich glaube, selbst wenn er mit dem Rauchen aufhören würde, wäre ihre Meinung nicht anders. Außerdem ist er doch mein Freund, was geht das meine Eltern an, solange ich mich nicht negativ verändere.

Ralf, 14 Jahre

Liebe Christin und Anja, lieber Ralf!

Ihr kennt doch das schöne Sprichwort: Umgang formt den Menschen. Oder dieses: Zeige mir deine Freunde, und ich sage dir, wer du bist.

An diesen Sprüchen ist schon etwas dran. Darum solltet Ihr auch nicht gar so widerborstig reagieren, wenn sich

die Eltern erlauben, ein Auge auf Eure Freundschaften zu werfen und eine Meinung dazu zu äußern.

Maßstäbe für die Auswahl wirklich guter Freundinnen und Freunde muß jeder erst finden. Und das ist wesentlich: Ich vermisse bei der Auseinandersetzung mit den Eltern Eure Vorstellungen von einer Freundschaft. Keiner von Euch dreien sagt, warum er gerade an dieser Freundin, diesem Freund so festhält. Da müßt Ihr Euch nicht wundern, daß die Eltern ihr Urteil nach einem äußeren Erscheinungsbild fällen und nicht so begeistert sind. Nun muß ein Mädchen, das öfter mit Jungen gesehen wurde, oder ein Junge, der raucht, an sich kein schlechter Kerl sein. Fest steht aber, daß sie nur mit diesem Imponiergehabe den Erwachsenen aufgefallen sind. Die Frage, ob sie durch ihren Drang, frühreif zu wirken, auch für Euch interessant wurden, ist nicht abwegig. Darum kommt es jetzt wirklich darauf an, den Eltern zu beweisen, daß mehr dahintersteckt. Sie werden Eure Freunde am besten kennenlernen und am schnellsten ihre Vorurteile aufgeben, wenn sie etwas über den Inhalt Eurer Beziehungen erfahren. Womit beschäftigt Ihr Euch, wenn Ihr zusammen seid, welche gemeinsamen Interessen habt Ihr, worüber redet Ihr? Es versteht sich von selbst, daß man dabei nicht jedes Geheimnis, nicht jede Kleinigkeit preisgibt. Freundschaft lebt durchaus von Vertraulichkeit, und Freunde müssen über Nichtigkeiten genauso offen reden können wie über große Probleme. Was die Eltern interessiert, ist das Wesen der Freundschaft, was bringen beide Seiten ein.

Als einziges Argument gegen die Bedenken der Eltern anzuführen, daß man sich nichts Schlechtes abguckt, ist zu dünn. In diesem Zusammenhang wäre ebenso eine Frage an die Eltern angebracht: Wieso gehen sie davon aus, daß Ihr keinen positiven Einfluß auf Eure Freunde ausübt, sondern nur sie Euch zu negativen Verhaltensweisen verführen können? Das zeugt von wenig Vertrauen in die eigene Erziehungsleistung. Oder haben die Eltern Anlaß, mißtrauisch zu sein, weil ihr gegenüber Euren Freunden unkritisch seid und gar nicht sagt, was Euch an ihnen nicht gefällt?

Eine Freundschaft zu verbieten, Erziehungsmaßnahmen bei Zuwiderhandlung anzusetzen ist dann berechtigt, wenn sich bei Euch Verhaltensveränderungen bemerkbar machen, die ihre Ursache in schlechten Vorbildern haben. Ich würde es richtig finden, wenn Eltern dann eine begründete Meinung auch vor dem Freund oder der Freundin vertreten und nicht durch untaugliche Strafen, wie Stubenarrest, die Beziehung unterbinden. So etwas schmiedet meist nur noch fester zusammen. Trotz und Zorn schaffen eine Verbundenheit, die dann tatsächlich blind für Fehlentwicklungen macht. Ein Angebot, das Raum für Besinnung läßt, wäre es, sich zwischenzeitlich weniger zu sehen, mehr Kontakt zu anderen zu haben, um mit Abstand zu prüfen, was die Freundschaft wert ist.

Müssen Schwestern alles teilen?

Ich habe ständig Streit mit meiner Schwester, die nur ein Jahr jünger ist als ich. In den großen Ferien habe ich 14 Tage gearbeitet und mir dafür Sachen zum Anziehen gekauft. Ich spare auch mein Taschengeld und andere kleine Geldgeschenke für solche Anschaffungen. Meine Schwester allerdings gibt ihr Geld nur für Kinkerlitzchen aus. Sie hat dann nie etwas, borgt bei mir und benutzt ständig meine Sachen. Aussprachen nutzten nichts. Aus Wut richtete sie sogar Zerstörungen an, sprühte mit meinem Spray umher und schmiß meine Wimpernspirale in den Mülleimer. Wenn ich mit meinen Eltern darüber sprechen will, lehnt mein Vater jede Einmischung ab. Er sagt, wir sollten das unter uns klären. Da habe ich kurzerhand meinen Schrank abgeschlossen, um meine Sachen vor ihren Zugriffen zu bewahren. Da war plötzlich mein Vater der Meinung, das ginge zu weit, in unserer Familie wird überhaupt nichts verschlossen. Nun frage ich mich, ob es so gut ist, wenn meine Schwester weiterhin alles nehmen kann, was ihr gefällt, und ob ich kein Recht auf mein Eigentum habe.

Sabine, 15 Jahre

Liebe Sabine!

Du solltest Deinem Vater in einer ruhigen Minute erklären, wie inkonsequent und widersprüchlich er sich verhält. Einerseits sagt er, ihr sollt die Angelegenheit unter euch klären, dann aber greift er ein, wenn es um den abgeschlossenen Schrank geht. Das wird ihn zwar auch nicht gleich von der Notwendigkeit überzeugen, sich mehr mit dem Verhalten Deiner Schwester zu beschäfti-

gen, kann aber ein erster Anstoß für ein ernsthaftes Nachdenken sein.

Ich meine, daß so große Mädchen je nach Wohnsitua-
tion ihren Bereich haben müssen und über ihre eigenen
Sachen verfügen dürfen. Der ständige Austausch von Kleidung ist weder vom erzieherischen noch vom hygieni-
schen Standpunkt aus zu befürworten. Wenn Du den Eindruck hast, daß Deine Schwester etwas leichtsinnig mit
dem Geld umgeht und ihre Kleidungsstücke nicht ordentlich pflegt, so ist es richtig, ihre Haltung nicht noch durch
ständige Hilfestellung zu unterstützen. Später kann sie
sich auch nicht so durchs Leben schummeln und anderen
Wutausbrüche demonstrieren, wenn sie ihren Forderungen nicht entsprechen. Wenn sich so eine Leichtfertigkeit
erst einmal eingebürgert hat, ist der Übergriff auf die Sachen einer Freundin, einer Zimmergefährtin im Internat
oder Ferienheim nahezu selbstverständlich. Das allerdings
kann dann schon ganz anders ausgelegt werden und Folgen haben. Ohne Deiner Schwester etwas unterstellen zu
wollen, aber mit dem Verplempern des eigenen Geldes
und dem neidvollen Schielen nach dem Besitz anderer ist

so mancher Jugendliche auf die schiefe Bahn geraten. Die Tatsache, daß der andere für seine Anschaffungen sparen und sich manche nette Kleinigkeit verkneifen mußte, gerät bei solchen Menschen immer mehr in den Hintergrund. Sie denken letztlich noch, daß es der andere ja habe und es eigentlich gar nicht darauf ankommt, wenn man da etwas zugreift. Das außerhalb der Familie geltende moralische Prinzip, daß man das Eigentum des anderen achtet, sollte in ihr nicht außer Kraft gesetzt werden. Im Familienverband, unter Geschwistern und Eltern, lernt man sich so zu verhalten und miteinander umzugehen, wie man es im ganzen späteren Leben braucht.

Wir leben in einer Gesellschaft, in der Fleiß und Arbeitsfreude materiell anerkannt werden. Das spürt ein Schüler wie Du meist zum erstenmal während der Arbeit in den Ferien. Für dieses selbstverdiente Geld soll man sich auch selbst etwas anschaffen, ohne dabei zum Geizkragen zu werden, versteht sich. Ich meine, es gehört einfach dazu, bei einer ersten größeren Summe auch die Geschwister und Eltern zu bedenken und eine kleine Aufmerksamkeit mitzubringen.

Aber bleiben wir bei den eigenen Anschaffungen. In der Regel werden selbstgekaufte Gegenstände und Kleidungsstücke noch mehr als Geschenktes geschätzt, weil eigene Mühe dahintersteckt, man Preise kennenlernt und merkt, wie sehr man arbeiten muß, um sich Wünsche zu erfüllen. Dieses Verhältnis von Wünschen und Möglichkeiten scheint mir bei jungen Leuten, die im Elternhaus stets und ständig freigehalten werden, manchmal ein wenig verschüttet. Sie stellen ihre eigenen Ansprüche denen der Eltern gleich, vergessen jedoch, daß hinter Vater und Mutter bereits ein arbeitsreiches Leben mit beruflicher Qualifizierung, Erfahrungen und Leistungen liegt. Gespräche über die Anfänge in einer elterlichen Ehe, in der auch noch auf manches verzichtet werden mußte, sind besonders dort vonnöten, wo zu spüren ist, daß Kinder schon auf allzu großem Fuße leben.

Das Bestreben, verdientes oder geschenktes Geld ordentlich und nützlich anzulegen, sollten die Eltern fördern, auch, indem sie es vor Zugriffen noch nicht so denkender Geschwister schützen. Der abgeschlossene Schrank könnte dabei wirklich nur ein erster Schritt gewesen sein. Wesentlicher scheint mir eine stärkere Kontrolle Deiner Schwester, was ihre Geldausgaben betrifft, und auch eventueller Schadenersatz bei mutwilligen Zerstörungen. Dafür sind die Eltern verantwortlich. Sie sollten Deine berechtigte Beschwerde ernst nehmen und nicht als kindische Geschwisterpetzerei abtun. Aber auch Du darfst Dich nicht in die Schmollecke zurückziehen und nun alles den Eltern überlassen. Biete Deiner Schwester zum Beispiel an, daß sie gespartes Geld — auch kleine Beträge — bei Dir hinterlegen kann, um nicht in Versuchung zu geraten. Wenn eine gewisse Summe zusammen ist, könntet ihr gemeinsam etwas für sie kaufen. Es wäre wichtig, ihr auch mal ganz praktisch zu der Einsicht zu verhelfen, daß es viel mehr Spaß macht, auf eigene Kosten zu leben. Das wiederum gelingt sicher Dir von Schwester zu Schwester besser als den Eltern.

Immer pünktlich zum Abendbrot?

Neuerdings habe ich mit meinen Eltern laufend Diskussionen wegen der Abendbrotzeit. Sie beharren auf dem Standpunkt, daß ich da zu Hause zu sein habe, wenn die ganze Familie am Tisch sitzt. Das heißt, ich muß gegen 18 Uhr rauf. Dann ist mir der ganze Abend verdorben, denn meistens darf ich dann anschließend nicht mehr

runter, weil es inzwischen viel zu spät geworden ist. Ich komme mir wie ein kleines Kind vor, das ständig bei den Eltern sitzen muß.

Jens, 14 Jahre

Lieber Jens!

Beide Seiten haben ihre Argumente, die berechtigt erscheinen. Darum liegt die Lösung des Problems, das mir übrigens von vielen Familien mit heranwachsenden Kindern bekannt ist, nur in einem Kompromiß.

Gemeinsame Mahlzeiten sind heute für berufstätige Familien meist ein wichtiger Treffpunkt, wo alle Probleme des Tages besprochen, notwendige Aufgaben verteilt werden. So ein Ruhepunkt, wo es nicht hektisch zugeht, kein Fernseher läuft und ein hübsch gedeckter Tisch zum Verweilen einlädt, ist dem familiären Klima sehr zuträglich.

Allerdings wird zuwenig berücksichtigt, daß Kindern dieses Beisammensein nur gefällt, wenn sie hier auch zu

Wort kommen und die Erwachsenen nicht über ihre Köpfe hinweg reden. Das bedeutet jedoch, daß man selbst etwas zu sagen, zu erzählen weiß. Ich meine, wird die Angelegenheit nicht zu einem unumstößlichen Zeremoniell, muß auch für Dich, Jens, ein solcher Familientreff nicht zu einer Disziplinübung werden.

Aber hier liegt das Problem. Das zum Gesetz gewordene, immer gleich ablaufende Abendbrot drängelt sich mitten in die gewährte Freizeit zum Tagesausklang. Du mußt früher als ausgemacht heimkehren und darfst nachher, weil es ja nun viel zu spät geworden ist, oft nicht mehr hinaus. Damit wird das Abendbrot zur Falle. Ob gewollt oder ungewollt, möchte ich dahingestellt lassen.

Ich glaube, Du solltest Deinen Eltern erklären, daß ein Jugendlicher in Deinem Alter schon einen langen Schultag hat. Daran schließen sich die Erledigung der Hausaufgaben, gesellschaftliche Verpflichtungen im Jugendverband und aufgetragene Hilfe im Haushalt an. Wenn alles gewissenhaft erledigt wird, ist der Abend heran. Es ist für das allgemeine Wohlbefinden notwendig, daß Du neben den Pflichten einen Teil des Tages wirklich für Dich verwenden kannst. Gerade in der Zeit des Übergangs vom Kind zum Erwachsenen, das spürst Du sicher manchmal selbst, ist noch ein ausgeprägter Bewegungsdrang vorhanden, manche Herumtollerei im Freien trägt Elemente des Spiels. Es wächst zunehmend das Bedürfnis, in einer Gruppe Gleichaltriger Bestätigung zu finden. Es trägt nicht zur Anerkennung bei, wenn einer ständig um 18 Uhr, egal, ob es noch hell oder schon dunkel ist, die Runde der anderen verlassen muß, um Abendbrot zu essen. Da sollten Deine Eltern etwas großzügiger sein und Dir mehr Freizeit lassen. Und was hältst Du davon, wenn Du Dir dann, wenn Du später kommst, selbst Deine Stullen schmierst?

Nur noch für die Prüfung pauken?

Nach dem jetzigen Zeugnis folgt für mich die letzte Schuletappe. Ich stehe dann vor den Abschlußprüfungen in der 10. Klasse. Schon seit einiger Zeit verbieten mir meine Eltern das Zusammensein mit meiner Freundin und auch mit Freunden. Ich soll mich total auf die Prüfungen konzentrieren, damit ich mein Ziel erreiche. Mit meiner Freundin hat das schon zu Problemen geführt, und der Gedanke daran, ich könnte sie in dieser Zeit verlieren, hätte sehr negative Auswirkungen auf meine Zensuren. Muß es wirklich so sein, daß man in der Prüfungsvorbereitung von allem Abstand nimmt?

Andreas, 15 Jahre

Lieber Andreas!

Natürlich verlangen Prüfungsphasen ein erhöhtes Konzen-

trationsvermögen, sie zehren schon an den körperlichen und geistigen Kräften, und jeder benötigt auch etwas mehr Zeit, um manches Stoffgebiet aufzufrischen, Gelerntes zu festigen.

Prüfungen können aber trotzdem keine Leerlaufzeiten sein, in denen man sich von allen persönlichen und gesellschaftlichen Verpflichtungen zurückzieht und sein Wissen nur noch für einen Augenblick trainiert. Sicher werden entsprechend dem bisherigen Leistungsstand kleinere und größere Abstriche an den sonstigen Vergnügungen notwendig sein. Begegnungen mit der Freundin oder mit Freunden sollte man jedoch als notwendige Ablenkung in der Prüfungszeit betrachten. Sie schützen einerseits vor Erschöpfung, andererseits dient das Zusammensein mit anderen dazu, frisch Angelerntes sich setzen zu lassen, manche Anschauung und Haltung zu festigen, im Gespräch mit anderen zu überprüfen.

Wenn einer allerdings von bevorstehenden Prüfungen gar keine Notiz nimmt, sollten Eltern, deren Erziehungsrecht sich auch auf die Pflicht, für einen ordentlichen Schulabschluß zu sorgen, ausdehnt, regulierend eingreifen. Naturtalente, die, ohne einen Zahn zuzulegen, einwandfrei durch die Prüfungen kommen, gibt es selten. Es scheint mir richtig, die Ernsthaftigkeit der Situation auch mit Einschränkungen der Freizeit unter Beweis zu stellen. Hält dem eine Freundschafts- oder Liebesbeziehung nicht stand, droht die Freundin wegen der seltener gewordenen Treffs mit Schlußmachen, wird die Bindung auch anderen schwierigeren Bewährungssituationen nicht standhalten.

Ein gutes Prüfungsergebnis, da stimme ich Dir zu, kommt nicht allein durch angestrengtes Lernen bis hin zum Pauken zustande. Die psychische Konstitution, das sogenannte Nervenkostüm, ist für die von Deinen Eltern erwarteten Ergebnisse ganz entscheidend.

Alle zusätzlichen Konflikte sollten darum besonders in dieser Zeit vermieden werden. Wenn man also aufgrund von Verboten Sehnsucht nach der Freundin hat, fürchtet, sie zu verlieren, und nur noch im stillen Kämmerchen sitzt, können solche inneren Sorgen die guten Vorbereitungen überwuchern. Ich meine, man muß es schon während der Schulzeit lernen, Zeiten hoher Anspannung in einen normalen Tagesablauf einzuordnen und das Verhältnis zwischen Freuden und Pflichten – das muß auch nicht immer etwas Gegensätzliches sein – einer speziellen Belastung anzupassen. Sinn der Prüfung soll doch sein, sie rundum als Persönlichkeit zu bestehen und nicht als streberhafter Einzelgänger.

Nach der 8. Klasse abgehen?

Seit einigen Wochen habe ich einen Freund. Meine Eltern stehen solchen Problemen sehr offen gegenüber. Als sie jedoch erfuhren, daß er nach der 8. Klasse die Schule ver-

lassen wird, waren sie total gegen ihn eingenommen. Kann man denn einen Menschen danach einschätzen, wie lange er zur Schule ging?

Martina, 14 Jahre

Liebe Martina!

Die Dauer der Schulbildung allein darf natürlich kein Wertmaßstab sein, ob man mit jemandem befreundet sein kann oder nicht. Du wirst bestimmt viele Gründe ins Feld führen, warum Dir dieser Junge gefällt, was Dich mit ihm verbindet. Es ist in Deinen Gesprächen mit den Eltern besonders erforderlich, Deine Eindrücke von dem Freund, sein Verhalten sowie seine Position zu wichtigen Fragen unseres Lebens zu schildern. Mit allgemeinen Geschmacksurteilen wirst Du Deine Eltern nicht vom Wert dieser Freundschaft überzeugen. Aber gerade darauf kommt es an, damit sie selbst Lust bekommen, den Jungen kennenzulernen. Daß in diesem Falle eine größere Überzeugungskraft notwendig ist als bei anderen Jungen, hängt nun eben doch mit der Tatsache zusammen, daß Dein Freund vorzeitig die Schule verlassen will beziehungsweise Dein Freund die 10. Klasse nicht schafft.

Die Norm sind heute 10 Schuljahre. Immerhin verließen 1985 88 Prozent der Schüler die Schule mit dem Zehnklassenabschluß beziehungsweise mit dem Abitur. 1970 erreichten erst 75 Prozent der Schulabgänger diese Abschlüsse. Wer diese Chance, die unsere Gesellschaft jedem bietet, nicht nutzt, muß es sich schon gefallen lassen, daß andere dazu ein paar Fragen stellen. Es kann natürlich manchmal verständliche Gründe für den Abgang aus der 8. Klasse geben, die beispielsweise auf komplizierte familiäre Situationen zurückzuführen sind. Bei einigen Schülern kommt die Lust zum Lernen auch erst etwas später, wenn sie nämlich merken, was in der Praxis alles verlangt wird. Es ist in den meisten Fällen dann immer noch möglich, Versäumtes nachzuholen.

Ich meine also, Du solltest sehr gewissenhaft prüfen, warum der Junge das für alle verbindliche Schulziel nicht erreichte. Hatte sein vorzeitiger Abgang, so wie es Deine Eltern vermuten, etwas mit Faulheit, ungenügend ausgeprägtem Willen und geringen Anforderungen an sich selbst zu tun, wird eine solche Haltung nicht ohne Einfluß auf die Partnerschaft bleiben. Entscheidend ist dann die Frage, welche Interessen, welches geistige Niveau, welche Ansprüche sich in Eurer Beziehung durchsetzen. Gibst Du, Martina, mit dem nötigen kritischen Abstand den Ton an und erreichst sogar, daß der Junge zielstrebiger wird, sich Mühe in seinem Beruf gibt, um Leistungen kämpft und sich zu seiner Umwelt eine Meinung bildet, dann hat diese Beziehung, die ohnehin noch nicht fürs Leben gedacht ist, für beide Seiten so viele positive Momente, daß man sie vom Elternhaus aus nicht verbieten muß. Stellt sich jedoch heraus, daß Dir lediglich imponiert, daß er bald selbständiger als gleichaltrige Jungen ist und schon Geld verdient, dann ist den Eltern nicht zu verübeln, wenn sie in Deinem Interesse diese Beziehung nicht fördern.

Oma platzt vor Neugier

Ich ärgere mich ständig darüber, daß meine Großmutter sämtliche Post, die an mich gerichtet ist, öffnet. Als ich mit meinen Eltern darüber sprach, sagten sie: „Was hast du schon für Geheimnisse?" Natürlich habe ich welche, denn auch mein Freund schreibt mir. Das muß meine Großmutter aber wirklich nicht alles wissen.

Silvia, 13 ¹/₂ Jahre

Liebe Silvia!

Vielleicht muß man einen Unterschied zwischen Geheimnissen und Geheimnistuerei machen. Mit fast 14 hat man natürlich kleine Geheimnisse, man verinnerlicht Erlebnisse und Gedanken und möchte, daß sie einem nur ganz allein gehören. Für das Erwachsenwerden ist es typisch, daß man mehr und mehr seine Eindrücke selbst verarbeitet und eigene Schlußfolgerungen zieht. Mit der Entwicklung der Persönlichkeit, die in Deinem Alter rasche Fortschritte macht, geht auch die Herausbildung eines relativ eigenständigen Tagesablaufs einher. Das zieht mehr Selbständigkeit in allen Lebensbereichen nach sich.

Es ist sehr davor zu warnen, Informationen über den Grad einer Jugendliebe aus Briefen herauslesen zu wollen. In Briefen sind junge Leute in ihren Liebesbeteuerungen meist wesentlich mutiger als bei einer persönlichen Begegnung. Die Oma könnte also unnötigerweise in Aufregung geraten. Direkte und gezielte Fragen, die Du bestimmt ohne Geziere beantworten würdest, geben mehr Aufschluß und sind ehrlicher.

Durch die Freundschaft zu einem Jungen ist eine neue Bezugsperson in Dein Leben getreten, der Du Dich anvertraust, mit der Du vieles besprichst. Darin besteht ja der Wert einer guten Beziehung von Mädchen und Jungen in Deinem Alter. Eltern und auch Großeltern, also Menschen, zu denen man bisher ein ganz enges Verhältnis hatte, die die einzigen Vertrauten waren, können oft nicht begreifen, daß sie nun nicht mehr stets an erster Stelle stehen, daß ihnen nicht weiterhin alles gesagt und gezeigt wird. Das ist für sie vielleicht auch etwas schwer zu verstehen, denn meistens kommt der Umschwung von heute auf morgen. Sie fühlen sich zurückgesetzt und werden mitunter mißtrauisch. Das, Silvia, forderst Du mit Deiner Haltung nahezu heraus. Und da wären wir bei der Geheimnistuerei: Wenn man sich plötzlich ganz verschließt, zu Hause kaum etwas erzählt, die Großmutter zum Beispiel selten Anteil an Freizeiterlebnissen haben läßt, dann muß sie ja neugierig werden, gar denken, daß sich hinter ihrem Rücken unlautere Dinge abspielen. Das berechtigt zwar nicht, einfach die Post zu öffnen, aber es verführt dazu. Jedem in einer Familie steht das Recht zu, seine Post ungeöffnet zu empfangen. Einer solchen Disziplin sollten sich Erwachsene schon Kindern gegenüber befleißigen, dann fällt es nicht so schwer, sich auf entsprechende Forderungen eines Jugendlichen einzustellen.

An Deiner Stelle, liebe Silvia, würde ich mich noch einmal ganz offen mit der Großmutter unterhalten. Vielleicht erzählst Du ihr etwas über den Jungen, den Du gern hast, und liest ihr ab und zu mal aus einem seiner Briefe vor. Wenn es sich um eine aufrichtige Freundschaft handelt, hast Du doch nichts zu verbergen. Also, lasse durch Geheimnistuerei nicht an Deiner Reife zweifeln. Sollte auch das Euer Vertrauensverhältnis nicht festigen, kannst Du Dir auch Deine Briefe postlagernd schicken lassen.

Das Elternhaus verloren?

Wir waren zu Hause vier Kinder. Ich bin die Jüngste. Die anderen stehen schon auf eigenen Füßen. Eines Tages kam mein Vater von der Kur und hatte eine andere Frau kennengelernt. Nach 26 Jahren wurde die Ehe meiner Eltern geschieden. Für mich war das ein großer Schock. Ich weiß nicht mehr, mit wem ich über meine Probleme reden soll. Ich fühle mich hin und her gerissen und oft sehr einsam. Meine Mutter hat kein Ohr für mich, und zwischen meinem Vater und mir steht die andere Frau. Wo gehöre ich hin?

Steffi, 15 Jahre

Liebe Steffi!

So hart das vielleicht auch klingen mag, aber Du gehörst in allererster Linie zu Dir selbst. Das ist sicher leichter gesagt als getan, wenn man sich bisher auf den Rat der Eltern verlassen konnte, sich bei ihnen heimisch und geborgen fühlte, jemanden hatte, der für einen da war. Ich verstehe, daß Dich der Verlust dieser Geborgenheit und Sicherheit sehr schmerzt, daß plötzlich Fragen auftauchen, die belasten und nach Antworten drängen. Du spürst zum erstenmal ganz deutlich, wie verantwortungsvoll es ist, mit sich selbst zurechtzukommen.

Ich will damit nicht die Aufgaben und Pflichten der Eltern mindern, die sie gerade auf dem Wege des Erwachsenwerdens ihrer Kinder haben. Meist sind die geistigen Ansprüche und Erwartungen an Vater und Mutter in diesem Altersbereich im Hinblick auf die Festigung von Lebenspositionen, politischen Ansichten und moralischen Qualitäten besonders groß. Eine plötzliche Scheidung, grobes Fehlverhalten der Eltern, vor allem ungenügender Gedankenaustausch über solche Entwicklungen können vorübergehend bei Jugendlichen, die oft sehr sensibel sind, Welten zusammenstürzen lassen.

Beispielsweise zu glauben, eine Scheidung mache den fast Volljährigen nicht mehr soviel aus, da sie sich ohnehin von den Eltern abnabeln, erweist sich sehr oft als Irrtum. Zwei Extreme sind in solchen Fällen zu beobachten: Die einen sind so sehr über die Eltern enttäuscht, verachten deren Egoismus, eigene Interessen über den familiären Zusammenhalt zu stellen, daß sie an nichts mehr glauben wollen und sich abwenden. Andere nutzen den zeitweiligen Autoritätsverlust beider Eltern beziehungsweise auch die Schwäche des einen aus und werden vorlaut, unbelehrbar, kurz gesagt, schwierig. Die Verantwortung, eine solche Entscheidung zu treffen, kann also nach einer sechsundzwanzigjährigen Ehe nicht groß genug sein, und leider spielen solche Gedanken, wie wohl Kinder mit der Auflösung der Familie fertig werden, bei vielen eine sehr untergeordnete Rolle. Es macht betroffen, wenn man weiß, daß jährlich 50 000 bis 60 000 Kinder und Jugendliche in eine solche Situation geraten.

Es ist keine Seltenheit, daß — von den Kindern unbemerkt — in einer langjährigen Ehe die Lebensansprüche bei Vater und Mutter wachsen und nicht mehr in der bisherigen Partnerschaft befriedigt werden können. Gerade dann, wenn die Kinder aus dem Haus gehen — Deine Geschwister haben bereits Familie —, setzt auch für Eltern ein neuer Lebensabschnitt, eine Neuformierung ihrer Lebensweise ein. Für manche ist dann die einzig bindende Aufgabe, nämlich die gemeinsame Erziehung der Kinder, weg, und sie erkennen erst zu diesem Zeitpunkt so deutlich, daß neue und andere Gemeinsamkeiten nicht mehr zu schaffen sind.

Ich meine, wenn sich für Deinen Vater aus einer Kur mehr ergeben hat als ein vorübergehender Flirt, den eine gestandene Familie durchaus verkraften könnte, dann warst Du, Steffi, schon lange ein schlechter Beobachter. Ich bin davon überzeugt, daß das Kennenlernen der anderen Frau nur ein auslösendes Moment war, die Ursachen für das Zerwürfnis der Eltern viel tiefer liegen und langfristiger sind.

Es ist offensichtlich, daß Deine Mutter, die sich betrogen und verraten fühlt, mit der Scheidung noch nicht fertig ist. Ich hielte es für vernünftig, würdest Du sie jetzt nicht auch noch mit Deinen Sorgen behelligen, die meist sehr vorübergehender Natur sind. Wachsende Reife beweist sich auch, indem man Wertigkeiten bei Problemen erkennt und es zunehmend versteht, selbst zuzuhören und Ratgeber zu sein. Dein Alter berechtigt Dich dazu, Deine bisherigen Empfindungen für Mutter und Vater unbeeinflußbar weiter auszubauen und Beziehungen zu beiden in dem Rahmen zu pflegen, wie Du sie für wichtig hältst. Du hast Kindheit und Jugend in einer vollständigen Familie erlebt. Der jetzt aufgebrochene Konflikt Deiner Eltern hat zwar in Dein Leben eingegriffen, aber er kann nicht die Bindungen zwischen Dir und den Eltern zerstören. Deine Mutter darf aufgrund ihres eigenen Zorns nicht von Dir verlangen, den Vater zu meiden. Es gab in der Familie nicht solche Vorfälle, die Deine Achtung vor dem einen oder anderen mindern müssen. Die neue Frau Deines Vaters muß so viel Takt und Feingefühl entwickeln, daß sie sich in die Beziehungen zwischen Vater und Tochter gar nicht einmischt, sich möglichst sogar zurückzieht, wenn Ihr beide Euch trefft. Für Dich, Steffi, gibt es keinen Grund, sie als den schuldigen Teil zu betrachten.

Ich denke, nur mit einer sehr sachlichen und kritischen Bewertung von Tatsachen, mit einem eigenen Standpunkt, durch neue Bezugspersonen wird man dieses Gefühl von Verlassenheit los, das Dich jetzt beschlichen hat. Gestatte es Deinen Eltern vorübergehend einmal, mehr mit sich selbst beschäftigt zu sein, betrachte das nicht als Liebesentzug Dir gegenüber. Ich glaube sogar, daß Dir Erkenntnisse aus der Misere Deiner Eltern dabei helfen können, in einer eigenen Partnerschaft klüger, wachsamer und offener zu sein, als es Dir Deine Eltern vorgelebt haben.

Richtige und falsche Eltern?

Als ich 10 Jahre alt war, sagte mir meine Mutter, daß sie mich mit 2 Jahren aus einem Heim geholt hatte und ich dann adoptiert wurde. Meine jetzige Mutter ist also nicht meine „richtige" Mutter. Ich habe nun gehört, daß meine leibliche Mutter auch eine Familie haben soll. Ich würde gern mit ihr Kontakt aufnehmen. Natürlich dürften meine

Adoptiveltern davon nichts erfahren. Mein Freund will mich bei der Suche unterstützen. Wie können wir es anstellen, was meinen Sie dazu?

Christel, 14 ¹/₂ Jahre

Liebe Christel!

Ich habe Deinen Brief mit sehr gemischten Gefühlen gelesen und mir dabei immer vorgestellt, wie Deiner Mutter zumute sein wird, wenn sie von Deinen Aktionen erfährt. Wenn Du auch glaubst, daß Deine Nachforschungen unentdeckt bleiben und sich im Prinzip nicht gegen Dein Elternhaus richten, so wird diese Neugier dennoch Dein Wesen verändern. Das kann guten Eltern nicht entgehen. Es geht eigentlich auch gar nicht darum, ob Dein Begehren und die damit notwendigen Aufwendungen herauskommen könnten oder nicht. Nachdenkenswert ist allein Dein Wunsch.

Erfreulicherweise setzt Du die richtige Mutter noch in Anführungsstriche und stellst sie Deinen jetzigen Eltern gegenüber. Ich frage Dich, was verstehst Du unter einer richtigen Mutter, unter richtigen Eltern? Es können doch nur die sein, die Dich liebhaben, die mit Dir über alle Fragen des Lebens sprechen, die Dir helfen, in der Schule zu bestehen, einen Beruf zu finden. Sie sind dort, wo Du geweint und gelacht hast, wo man immer wieder gut zu Dir war, wenn etwas schief lief, wo man Dich behütete, wenn Du krank warst.

Das, was das Verhältnis zwischen Eltern und Kind bestimmt, liebe Christel, wird nicht durch den Vorgang der Geburt festgelegt. Da Du sogar bis zum zweiten Lebensjahr in einem Heim gelebt hast, ist anzunehmen, daß es gewichtige Gründe gab, der Frau, die Dich geboren hat, das Kind nicht zu lassen, weil sie eben ihren Aufgaben als Mutter nicht gerecht wurde.

111

Es gibt heute sehr unterschiedliche Gründe, die zu Adoptionen bei den Referaten Jugendhilfe führen. In den meisten Fällen handelt es sich jedoch um Anträge, die von einem Elternteil gestellt werden, also einem zweiten Vater oder einer zweiten Mutter. Adoptionen nach Entzug des Erziehungsrechts sind seltener, weil unsere Gesellschaft zunächst alles dafür tut, die leiblichen Eltern zur Erziehung ihrer Kinder zu befähigen. Ein Teil von Adoptionen können erfolgen, weil Mütter nach der Geburt eines Kindes freiwillig darauf verzichten, das Kind zu sich zu nehmen. Sicher ist das immer eine schwere Gewissensfrage. Aber wir wollen jene, die aufgrund von Jugend, Unerfahrenheit oder aus einer persönlich mißlichen Lage heraus keine Beziehung zum Kind entwickeln können, also gar nicht erst den Versuch unternehmen, es recht und schlecht durchzubringen, nicht verurteilen. Sie haben damit für die Entwicklung des Kindes eine positive Entscheidung gefällt. Eins wird aber ganz deutlich: Mütter und Väter, die auf diese Weise zu einem Kind kommen, es zum Beispiel wie Dich aus dem Heim holen, bekennen sich sehr bewußt zur Elternschaft.

Adoption ist heute kein sozialer Akt, keine soziale Notwendigkeit mehr. Alle, die sich dazu entschließen, wollen ein Kind haben, wollen Eltern sein. Die Befähigung dafür müssen sie sogar in Antrag und Gesprächen mehrfach unter Beweis stellen. Und dann fällt so einem Mädchen wie Dir nach 12 Jahren ein, nach einer Frau zu suchen, die das Recht auf ihr Kind verwirkt und abgetreten hat. Ich will nicht bestreiten, daß sie inzwischen an Reife gewann und ein ordentliches Familienleben führt. Aber was hat das mit Dir, mit Deinem bisherigen Leben zu tun? Begegnet Ihr Euch zufällig irgendwo, würdet Ihr wie Fremde aneinander vorbeilaufen — so ist das mit der Blutsverwandtschaft.

Wenn Dein Bedürfnis, sie trotz meiner ablehnenden Worte kennenzulernen, unstillbar groß ist, dann bringe wenigstens den Mut auf, mit Deinen Eltern darüber zu sprechen. Ich will auch noch hinzufügen, daß keine staatliche Institution berechtigt ist, über Deine Herkunft Auskunft zu geben. Du weißt sicher auch, daß die Rechtsvorschriften für Adoptionen bei uns eindeutig im Familiengesetzbuch verankert sind und so weit entwickelt wurden, daß die Adoptiveltern nicht mehr verpflichtet sind, dem Kind etwas von der Annahme an Kindes Statt zu sagen. In einer Geburtsurkunde werden sie als leibliche Eltern ausgewiesen. Die Sorge darum, das Kind könnte etwas von anderen geschwätzigen Leuten erfahren, veranlaßt manche Eltern zu aufklärenden Gesprächen. Sicher ist das eine Entscheidung, die jede Familie für sich treffen muß, aber ich glaube, die „Wahrheit" kann manchmal für das Kind sehr belastend werden. Es läßt sich an Deinem Verhalten deutlich ablesen, daß Du mit der Information Deiner Eltern vor nunmehr fast 5 Jahren nicht fertig geworden bist.

Bevor Du, liebe Christel, in diese oder jene Richtung Schritte einleitest, würde ich Dir raten, mal den „Kaukasischen Kreidekreis" zur Hand zu nehmen. Richter Azdak hat in diesem Brecht-Stück auch die Entscheidung zu treffen, welche von zwei Frauen die richtige Mutter ist. Er entscheidet sich sehr weise gegen die leibliche Mutter.

Auf den Stiefvater nicht hören?

Meine Eltern ließen sich scheiden, als ich knapp 1 Jahr alt war. Bald darauf heiratete meine Mutter wieder. Mit 7 erfuhr ich durch einen Zufall von meiner Oma, daß ich keinen richtigen Vater habe. Das war ein Schock für mich. Von diesem Tag an hatte ich nicht mehr viel Vertrauen zu meinen Eltern. Mit etwa 13 Jahren ließ ich mir von meinem Stiefvater überhaupt nichts mehr sagen. Ständig merkte ich, daß er meinen Bruder — sein Kind — viel lieber hatte als mich. Im vergangenen Jahr besuchte ich zum erstenmal meinen richtigen Vater. Er ist das ganze Gegenteil von meinem Stiefvater. Er ist freundlich und hört sich meine Probleme an. Meine Mutter war über meine Eigenmächtigkeit empört. Nun weiß ich nicht, wie das weitergehen soll.

Marina, 14 Jahre

Liebe Marina!

Das Familienproblem, das Du schilderst, ist nicht ungewöhnlich. Der Konflikt, der sich für Dich daraus entwikkelt hat, scheint mir jedoch vermeidbar zu sein. Unzählige Familien leben mit eigenen und mitgebrachten Kindern sehr harmonisch. Wie man sich zueinander verhält, hängt nicht von einer Blutsverwandtschaft ab. In Deinem Alter sollte man eigentlich über die Kindermärchenvorstellungen von einem Stiefvater oder einer Stiefmutter hinaus

114

sein. Dieser Begriff ist mit so vielen bösen Vorzeichen belastet, ja klischeehaft negativ gezeichnet. Wenn man die gesamte Kinder- und Jugendzeit mit dem zweiten Mann der Mutter verbrachte, sich an gar keine anderen familiären Erlebnisse erinnern kann, sollte einem wohl ruhig das Wort Vater über die Lippen gehen.

Sicher weißt Du aus Gesprächen mit Jugendlichen, die mit Dir in der Ausbildung stehen, daß es in Eurem Alter und aus Eurer Sicht immer auch genug Gründe gibt, sich über die „richtigen" Eltern zu beschweren. Ich glaube, diese Konflikte sind im Prozeß des Heranwachsens ganz normal. Junge Leute preschen mit ihren noch nicht gefestigten Ansichten manchmal sehr ungestüm voran, stellen Ansprüche, die ihr sonstiges Verhalten noch nicht rechtfertigt. Da setzen die Eltern Gegenwerte, die man zunächst nur ungern akzeptiert. Und es kann dabei auch zu Überspitzungen auf der einen wie auf der anderen Seite kommen. Auch Eltern fürchten mitunter, Autorität zu verlieren, erkennen zuwenig, daß sie einem Jugendlichen mehr Partner sein müssen, daß Entscheidungen begründet und nicht nur verkündet sein wollen. Reibereien kommen in den besten Familien vor, und man kann sie ursächlich nicht beim Stiefvater ansiedeln, wie Du, Marina, das jetzt tust.

Vielleicht denkst Du auch einmal ein wenig darüber nach, ob Du die Mißverständnisse zwischen ihm und Dir, die geringe emotionale Bindung nicht wesentlich mitbestimmt hast. Das fängt für mich bei dem Schock an, als Du erfahren hast, daß der Vater nicht Dein Erzeuger war. Natürlich muß eine derart plötzliche Information verarbeitet werden.

Möglicherweise haben Deine Eltern in diesem Moment nicht die richtige Position gefunden und Dich mit Deinen Gedanken zu sehr allein gelassen. Dein Beispiel macht darauf aufmerksam, daß man vor unfairen Bemerkungen von Verwandten — meist auch aus einer Böswilligkeit heraus – nie ganz sicher sein kann. Der vorhergehende Brief zeigt, daß es mit rechtzeitiger Information genauso schieflaufen kann. Also ist wohl die Haltung, die Liebe, das Vertrauen, die ein Kind zu den Eltern entwickelt, entscheidend dafür, wie „richtig" und „nicht richtig" aufgenommen werden, ob das überhaupt von Bedeutung ist.

Trotz Deiner damaligen seelischen Erschütterung mit 7 Jahren sollte nun der Schock überwunden sein. Vielleicht mußt Du auch anerkennen, daß Deine Eltern Dir von dem zweiten Vater ganz bewußt nichts sagten, um gar keine Unterschiede zwischen Dir und Deinem Bruder aufkommen zu lassen. Ich habe den Verdacht, daß Du von Stund an alles unter dem Blickwinkel betrachtet hast, daß er ja nur der Stiefvater ist. Da sprach sofort alles gegen ihn. Du gehst ja sogar soweit, anzunehmen, daß er Dir nichts zu sagen hätte. So hast Du mit Ungehorsam ganz bewußt Konfrontationen heraufbeschworen. Das fördert natürlich nicht gerade die Freundschaft, und der jüngere Bruder rückte für den Vater als Hoffnung auf ein besseres Verhältnis zwischen Eltern und Kind ganz automatisch mehr ins Blickfeld.

Kommen wir nun auf Deinen leiblichen Vater zu sprechen. Findest Du es nicht selbst etwas merkwürdig, welche Sensationslust Dich nach so vielen Jahren zu ihm getrieben hat? Ihr hattet die ganze Zeit keinerlei Beziehungen zueinander. Daß sich ein Erwachsener bei einer solchen Begegnung mit etwas Taktgefühl und Anstand im Leibe freundlich und verständnisvoll zeigt, ist fast zu erwarten. Sicher hast auch Du Dich bei ihm von Deiner besten Seite gezeigt und nicht so aufgeführt wie zu Hause. Ich finde es sehr unfair, zwischen einer Besuchssituation und einem familiären Alltag überhaupt Vergleiche ziehen zu wollen. Ich glaube, daß Du mit Deinen zwischenfamiliären Beziehungen keinem einen guten Dienst erweist, am wenigsten Dir selbst.

Da Deine Mutter von Deinen Kontakten zum leiblichen

Vater weiß, sollte sie nicht wieder den Fehler machen und diese wichtige Information verdrängen. Mir schiene ein sachliches Gespräch zwischen Deinen Eltern und dem nach Jahren aufgetauchten sogenannten richtigen Vater nützlicher als Empörung und Verbote. Dir, Marina, möchte ich empfehlen, nicht nur von anderen Menschen zu fordern, sondern auch etwas von Dir abzugeben. Vielleicht würdest Du dann nicht so schnell der Versuchung erliegen, Dich nur dort gefühlsmäßig einzurichten, wo Dir situationsbedingte Freundlichkeit entgegengebracht wird.

Mutti ist alleinstehend

Mein Bruder und ich sind nun soweit, daß wir auch allein weggehen. Ich darf zweimal im Monat bis 23 Uhr zur Disko. Hinzu kommt, daß wir zwei auch Mitglieder eines Jugendklubs sind, da gibt es Sitzungen, der Klub muß gereinigt werden usw. Meine Mutter sitzt dann sehr oft allein zu Hause. Sie ist 36 und geschieden. Bis zum Abend sind wir ansonsten meist in unseren Zimmern, um Hausaufgaben zu erledigen. Später sitzen wir dann vor dem Fernseher. Wir haben jetzt auch nicht mehr soviel Lust, mit in den Urlaub zu fahren. Doch wo soll meine Mutti allein hin? Sie versucht, uns zu Hause zu halten. Sie ist sehr nervös, wird schnell laut und reagiert unausgeglichen. Danach tut es ihr manchmal leid. Öfter weiß sie auch nicht mehr, wie sie sich verhalten soll. Im Juni war sie zur Kur. Dort lernte sie einen Mann kennen. Er wohnt allerdings weit weg, hat 2 Kinder, ist verheiratet. Seine Ehe ist nicht sehr glücklich. Von meiner Mutti erfuhr ich, daß er sie dreimal die Woche auf ihrer Arbeitsstelle anruft. Doch dort können sie auch nicht viel sprechen, weil alle zuhören. Er war bis jetzt einmal hier. Wir waren an dem Tage fort, kamen erst um Mitternacht wieder und lernten ihn kennen. Eins sah ich auf dem Gesicht meiner Mutter: Sie war glücklich. So sah ich sie noch nie in den 2 Jahren, die sie nun allein ist. Jetzt vergeht kaum ein Tag, daß sie nicht weint. Es ist sogar schon soweit, daß sie sich wünschte, nicht zur Kur gefahren zu sein. Ist es nicht auch für uns besser, wenn es jemanden gibt, der sich um sie kümmert. Könnten nicht alle glücklicher sein?

Jana, 15 Jahre
Sven, 14 Jahre

Meine Mutter ist seit 4 Jahren geschieden. Ich habe noch Geschwister, die schon aus der Schule sind. Nun hat sich meine Mutter einen Freund angeschafft, den ich nicht leiden kann. Es beruht wohl auf Gegenseitigkeit. Er will, daß alles auf ihn hört. Ständig hat er etwas an mir auszusetzen. Wenn seine Kinder aus erster Ehe zu Besuch kommen, erkenne ich ihn nicht wieder. Ich wollte schon von zu Hause abhauen und zu meinem Vater ziehen.

Oliver, 14 Jahre

Liebe Jana! Lieber Sven! Lieber Oliver!

So unterschiedlich wie in Euren Briefen kann das Verständnis für den berechtigten Anspruch einer alleinstehenden Mutter auf Partnerschaft sein. Während Jana und Sven den zweiten Vater am liebsten herbeizaubern würden, verhält sich Oliver ganz ablehnend und stur. Wir wollen in beiden Fällen davon ausgehen, daß es Sache der Mutter ist, den geeigneten Partner auszuwählen und daß sich Kinder, die zum Teil schon eigene Wege beschreiten, doch mit ihren Zustimmungserklärungen zunächst zurückhalten sollten.

Eure Gedanken, Jana und Sven, daß mit Eurem Selb-

ständigwerden die Mutter zunehmend allein sein wird, sind ja nicht von der Hand zu weisen. Ihr befürchtet, daß Eure Möglichkeiten zur eigenen Freizeitgestaltung beschnitten werden, wenn die Mutter nicht bald wieder einen Mann findet, mit dem sie ihre Interessen teilen kann. Ihr habt Angst davor, daß sie Euch zu sehr ans Haus binden könnte und alles mit Euch gemeinsam erleben will. Solche familiären Situationen gibt es durchaus, aber ich habe bei Euch nicht das Gefühl, daß Ihr von der Mutter vereinnahmt werdet.

Es ist falsch, zu glauben, daß Mädchen und Jungen in einer vollständigen Familie tun und lassen können, was sie wollen. Ganz im Gegenteil. Da hier oft die Erziehungsmaßstäbe von Vater und Mutter eine Rolle spielen, kann es viel eher dazu kommen, daß die Elle ganz unten angelegt wird. Ich glaube, Ihr unterstellt Eurer Mutter etwas, denn ich finde, daß sie Euch Freiheiten läßt, um die andere in Eurem Alter ganz schön kämpfen müssen. Wenn die Mutter den Wunsch hat, mit Euch gemeinsam den Urlaub zu verbringen, so würde ich das nicht nur auf ihr Alleinsein schieben. Alle Eltern möchten, zumindest solange die Kinder noch zur Schule gehen, in den Ferien die Familie zusammenhalten. Die Zeit, da eine solche familiäre Gemeinsamkeit möglich ist, geht so schnell vorüber, und später erinnert man sich gern an solche Erlebnisse. Es knabbert durchaus nicht an der Würde eines Jugendlichen, wenn er mit der Mutter oder beiden Elternteilen verreist. Entscheidend ist, wie im Urlaubsort ein Gleichgewicht zwischen Gemeinsamkeit und individuellen Bedürfnissen geschaffen wird.

Hier scheint mir überhaupt Eure Unzufriedenheit mit dem familiären Klima begründet zu liegen. Ihr glaubt nun, daß mit einem Freund für die Mutter alles wieder ins rechte Lot käme. Das stimmt nur zum Teil. Woran Ihr alle drei zur Zeit ein bißchen krankt, ist die Ideenlosigkeit, der nicht vorhandene Unternehmungsgeist. Wenn außer Fernsehen am Abend nichts passiert, muß es für alle langweilig werden. Warum geht Ihr nicht mal zusammen ins Kino? Ihr beide könntet die Karten besorgen. Wie lange zurück liegt der letzte Ausflug am Wochenende? Ich meine, da könnte ruhig auch etwas Initiative von Euch ausgehen. Ihr hättet dann viel weniger ein Gefühl der Sorge und des Mitleids um die allein gelassene Mutti an den Tagen, wo Ihr ohne sie mit Freunden etwas unternehmt. Ich will jetzt nicht so tun, als können ein interessantes Familienleben und aufmerksame Kinder der Mutter einen Mann ersetzen. Diese Lücke könnt Ihr nicht schließen. Aber es wird der Mutter leichter fallen, anderswo Kontakte zu finden beziehungsweise mit der Partnerlosigkeit besser fertig zu werden, wenn sie sich nicht auch noch ständig mit Euch in den vier Wänden vergräbt.

Wenn Deine Mutter Dich, Jana, ins Vertrauen zieht, was diese Kurbekanntschaft betrifft, so solltest Du zumindest nicht aus egoistischen Gründen alle Deine Bedenken wegdrücken. Deine Mutter weiß natürlich sehr genau, daß das nur eine Episode ist, die zu keiner ernsthaften Bindung führt. Ihr selbst habt erfahren, wie schlimm es ist, wenn eine Familie zerfällt. Da muß man ja nun jetzt nicht dazu beitragen, daß das auch anderswo geschieht. Versuche darum, der Mutter von der Weiterführung dieses Verhältnisses abzuraten. Eine solche Einmischung in ganz persönliche Entscheidungen der Eltern steht Kindern nicht in jedem Falle zu. Bei Euch aber hat die Mutter kein Geheimnis aus ihren Gefühlen gemacht, sie hält Euch für reif genug, über solche Dinge auch nachzudenken. Darum steht Euch auch eine offene und ehrliche Meinungsäußerung zu. Dabei darf das Hemd nicht näher sein als die Hose. Schließlich geht es um einen wichtigen Lebensabschnitt der Mutter und nicht nur um Euren Vorteil, bei vorübergehender Ausgeglichenheit der Mutter weniger angebunden zu sein.

Oliver, Du wirst aus meinen bisherigen Worten auch schon etwas für Deine familiäre Situation entnommen haben. Du bist offenbar überhaupt nicht darauf eingestellt, daß Deine Mutter nach der Scheidung von Deinem Vater gern wieder einen Mann haben möchte. Du vergißt dabei ganz und gar, daß Du in den kommenden Jahren immer selbständiger wirst und auch Deine Geschwister eines Tages ausfliegen. Dann aber ist die Mutter in einem Lebensbereich, wo es bereits schwer geworden ist, einen neuen Anfang zu finden. Sicher kann es vorkommen, daß den Kindern ein neuer Mann der Mutter nicht so sehr sympathisch ist. Meist entspringt so etwas aber auch Vorurteilen und unbilligen Vergleichen mit dem Vater. Du bist bereits in einem Alter, wo es nicht von heute auf morgen gelingt, einen anderen Mann als Vater zu empfinden. Das muß auch gar nicht sein, trotzdem kann man sich in einem freundschaftlichen Verhältnis gegenseitig akzeptieren. Mit dieser Einstellung kann das Zusammenleben mit einem neuen Partner der Mutter auch ein Gewinn für Dich sein. Wenn Du glaubst, daß er Anweisungen und Verbote für Dich ausspricht, die bisher nicht üblich waren, dann mußt Du mit Deiner Mutter reden, die nach wie vor allein erziehungsberechtigt für Dich und Deine nichtvolljährigen Geschwister ist. Das solltest Du dann tun, wenn ihr allein miteinander seid und ein bißchen Zeit habt. Bloßes Maulen und Beschweren nutzt niemandem etwas, am wenigsten Deiner Mutter, die damit nur in unnötige Konflikte mit ihrem Bekannten gerät. Ich finde es auch nicht in Ordnung, gleich mit dem Auszug zu Deinem Vater zu drohen. Praktisch wäre das gar nicht möglich, wenn sich Deine Eltern nicht dahingehend einigen würden. Alle wesentlichen Entscheidungen, die Dich betreffen, hat Deine Mutter zu verantworten. Sie ist für alles, was Dich bedrückt, Deine allererste Partnerin. Das gute Verhältnis, das Du weiterhin zu Deinem Vater hast, solltest Du nicht ausnutzen, um dort alle häuslichen und innerfamiliären Probleme auszubreiten und Dich zu beschweren. Das verbessert nicht gerade ganz normale und sachliche Beziehungen zwischen ihm und Deiner Mutter, die letztlich auch zu Deinem Vorteil sind. So bitter das sicher für Dich ist, aber Du mußt davon ausgehen, daß Dein Vater nicht mehr bei Euch wohnt, nicht mehr zu Eurer Familie gehört und manche Vorgänge auch nicht mehr richtig beurteilen kann.

Was das Verhältnis des neuen Mannes Deiner Mutter zu seinen eigenen Kindern betrifft, so solltest Du großzügiger urteilen. Sie sind für ihn jetzt auch nur Besuch, und da zeigt sich jeder bekanntlich von der besten Seite. Und dann vergiß nicht, daß Deine deutliche Ablehnung, die sicher teilweise in Widerspenstigkeit ausartet, es ihm nicht gerade leicht macht, zu Dir lieb und freundlich zu sein. Du kennst doch das Sprichwort: Wie man in den Wald hineinruft, so schallt es heraus.

Wer bin ich?

★ Natürlich habt Ihr das auch schon oft als Ausrede benutzt: Das machen doch alle so! Wer sind alle? Warum sagst Du nicht, was Du denkst, warum Du Dich so und nicht anders verhalten hast? Diese Fragen machen Dich unwillig, und Du tippst Dir an die Stirn! Gibst Du damit nicht zu, daß es Dir gerade jetzt etwas schwerfällt, Du selbst zu sein? Du versteckst Dich hinter anderen, schlägst Dich dauernd auf die Seite der Mehrheit, obwohl Du eigentlich selbst etwas zu sagen hättest. Du ziehst Dir sogar die gleichen Sachen wie andere an, um mithalten zu können, um nicht aufzufallen. Alle sagt Ihr, das ist jetzt modern, das hat jeder, das muß man haben. Und so taucht jeder ein in seine Gruppe wie eine graue Maus.

Gerade das aber will keiner. Schließlich ist jeder Mensch eine Persönlichkeit und möchte als solche anerkannt, zumindest bemerkt werden. Aber wie soll Euch einer sehen oder hören, wenn Ihr nur im Chor singt und sich jeder hinter seinem Vordermann versteckt, weil er den Text nicht beherrscht?

Sicher fällt einer schneller auf, wenn er stets das Gegenteil von dem behauptet, was andere meinen. Vielleicht bewundert Ihr so einen sogar heimlich, weil Ihr glaubt, daß er viel Mut hat. Prüft Ihr dabei genau, wieviel von seinem Widersprechen dummes Gerede ist? Schließlich ist es nicht besonders schlau, aus Prinzip gegen etwas zu sein, was sich lange als richtig bewährt hat. Ja, was denn nun? fragt Ihr mit Recht! Soll man nun aufmucken oder sich anpassen?

Ich möchte die Frage anders stellen, ohne mich vor einer Antwort zu drücken. Wie findet Ihr einen richtigen Platz im Kollektiv? Wie lernt man es, sich durchzusetzen? Wie schützt Ihr Euch davor, untergebuttert zu werden? Wie erkennt sich der Mensch selbst? Wie geht Ihr mit Außenseitern um?

Laßt uns darüber anhand von Erlebnissen, die Euch bestimmt schon in Eurer Klasse begegnet sind, gemeinsam nachdenken.

Wie finde ich Freunde?

Ich bin eine gute Schülerin und habe in der Klasse keine Kontaktprobleme. Alle Mitschüler sind nett zu mir, und ich habe auch keine Feinde. Aber das reicht nicht aus, denn ich stelle immer wieder fest, daß meine Beziehungen zu anderen Menschen sehr oberflächlich sind. Ich habe keine richtigen Freunde. Wenn man nicht mal Freundschaft knüpfen kann, wie soll es dann erst mit der Liebe werden? Woran liegt es, daß ich unfähig bin, innere Kontakte zu Leuten, die mir sympathisch sind, herzustellen?

Anja, 15 Jahre

Liebe Anja!

Daß Du den Mangel tiefer Freundschaft zu ausgewählten Menschen beklagst, ist ein wichtiger Abschnitt in Deiner Persönlichkeitsentwicklung und auch der beste Ansatz, das eigene Verhalten zu korrigieren. Ich stimme Dir zu, daß feste Freundschaften im Jugendalter eine wichtige Voraussetzung für starke Empfindungen zum anderen Geschlecht sind.

Viele Elemente der Freundschaft, die Achtung voreinander, Vertrautheit, Verläßlichkeit, die Übereinstimmung von Lebensansichten, findet man in der Liebe wieder, sie sind ausschlaggebend für die Tiefe der Gefühle. Du schätzt in Deinem Brief ein, daß alle stets nett und freundlich zu Dir sind und Du keine Feinde hast. Diese allgemeinen, durchschnittlich guten Beziehungen zu Deiner unmittelbaren Umgebung würde ich gar nicht so positiv werten. Hier deutet sich schon an, daß Du selbst sehr undifferenziert mit anderen umgehst. Der Volksmund würde sagen, nicht Fisch und nicht Fleisch. Da Du Dich mit Deiner eigenen Meinung, mit Deinen Gefühlen sehr zurückhältst, bleiben alle Beziehungen in rein sachlichen Erörterungen stecken, sind niemals verbindlich.

In einem Kollektiv von 20 bis 30 Leuten keine „Feinde" zu haben, also nicht auf Gegenmeinungen, auf Widersprüche zu stoßen, niemals heftig zu diskutieren und auch mal richtig „sauer" auf jemanden zu sein — das macht darauf aufmerksam, daß Du Dich, wenn es um Meinungsbildung vor allem in persönlichen Fragen geht, heraushältst. Dieser „gute" Stand in der Klasse führte aber auch dazu, daß Du als Freund oder Freundin für andere nicht mehr in Frage kommst, man sich nicht um Dich bemüht, weil Du zuwenig von Dir abgibst, zu gleichförmig und zu glatt bist.

Ich entnahm Deinem Brief, daß es Dir sehr schwerfällt, Persönliches preiszugeben. Hier gibt es sicher Rückschlüsse auf die familiäre Atmosphäre, in der Du aufgewachsen bist, auf Deine Erziehung im Elternhaus, die zu einer emotionalen Verschlossenheit beitrug. Wenn man es als Kind nicht erlebt und gelernt hat, Gefühle zu zeigen, sich mitzuteilen, auch Eltern und Geschwister niemals in seelischen Nöten sah, dann kann das zu inneren Verhärtungen führen, denen auch später schwer beizukommen ist.

Ich würde Dir darum raten, Dich zunächst einmal ganz konzentriert den Leuten in Deiner Umgebung zuzuwenden, die Dir angenehm sind. Es kommt darauf an, sichtbares Interesse für kleine Gruppen von Personen und ihre Probleme zu bekunden. Allgemeine Beziehungen vereinzeln und festigen sich, wenn man sie aus der täglichen Begegnung herauslöst. Dazu ist es nötig, zu bestimmten Anlässen Bekannte zu sich einzuladen, mit ihnen etwas zu unternehmen, sich irgendwo anzuschließen, um auf diese Weise gemeinsame Ansichten und Interessen zu entdecken und Vertrautheit herzustellen. In einem FDJ-Kollektiv gibt es sehr oft auch Situationen der Bewährung, wo Ar-

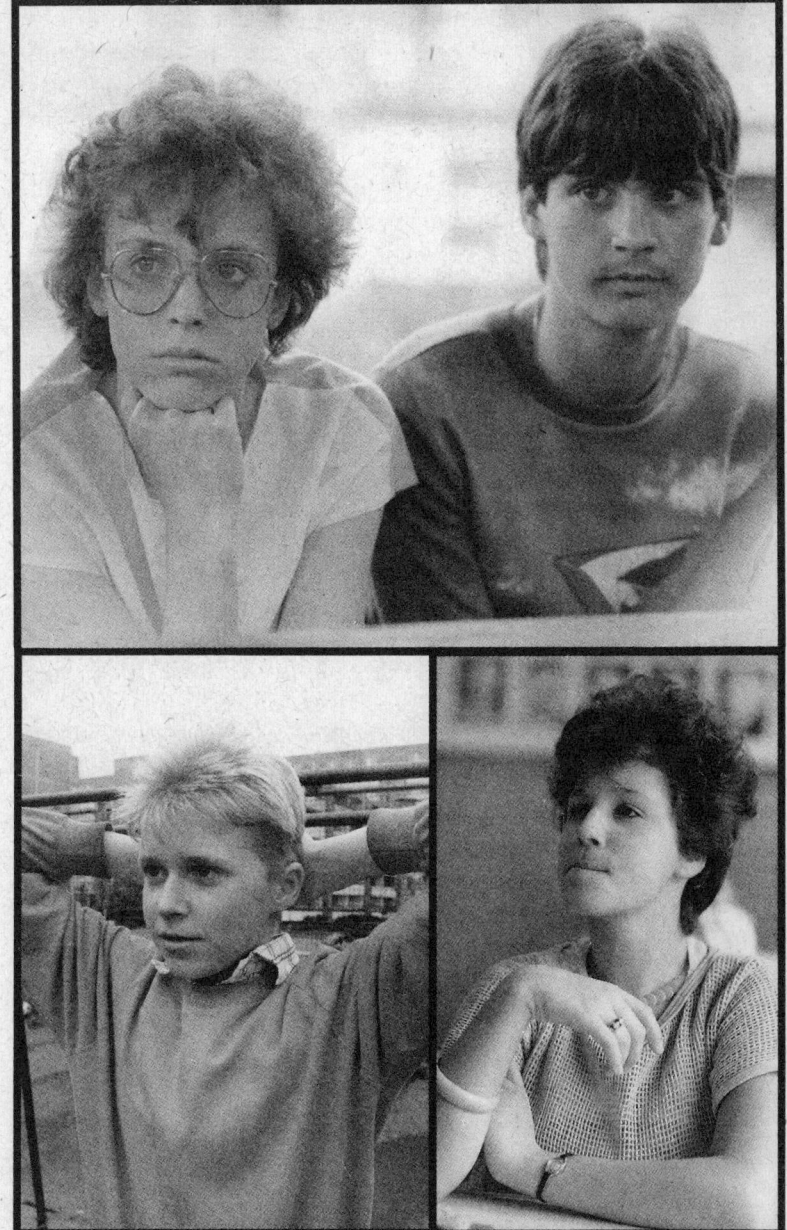

beit und Freizeit zusammen erlebt werden. Solche Erlebnisse führen meist näher zueinander als jahrelanger täglicher Schulumgang. Du solltest keine solcher Gelegenheiten auslassen, Deine Kameraden auch von ganz anderen Seiten kennenzulernen.

Freundschaft kann nur entstehen, wenn Vertraulichkeit und Verständnis angeboten werden. Dazu gehört es auch, zuzuhören und von sich selbst zu erzählen. Ein erster Schritt wäre vielleicht, über Dich selbst zu schreiben, damit Du die Scheu vor Selbsterkenntnis ablegst. Ein Tagebuch, eine Brieffreundschaft könnten wichtige Stützen sein. Ich möchte Dir auch empfehlen, sehr viel zu lesen. In guter Literatur geht es immer um menschliche Beziehungen, um die Darstellung von Charakteren, um die Beschreibung von Emotionen.

Natürlich ist es notwendig, stets eine Linie zur Realität, zum eigenen Verhalten zu ziehen, da sonst schnell etwas idealisiert wird.

Mitzufühlen, sich zu begeistern und zu hassen sind Voraussetzungen dafür, sich selbst gefühlsmäßig zu entäußern.

Auch das glaube ich aus Deinem Brief herausgelesen zu haben, daß Du Angst vor Ablehnung hast, mißtrauisch bist und überhöhte Anforderungen an eine Freundschaft stellst. Mit Dir noch unbekannten Menschen in Kontakt zu kommen erfordert Mut zum Risiko und schließt Enttäuschung nicht ganz aus. Bilderbuchgeschichten und Märchen, die immer aufgehen, wo stets das Edle und Gute siegt, meinte ich bei der empfohlenen Auseinandersetzung mit literarischen und lebenden Vorbildern nicht.

Unsere Klasse ist gespalten

In unserer Klasse gibt es einige Probleme. Wie die Lehrer sagen, sind viele Mädchen aus unserer Klasse unterentwickelt. Wir merken, daß das stimmt. Wir gehen nicht oft zur Disko und können nicht so wie andere Mädchen in unserem Alter Jungen aufreißen. In der Klasse sind Jungen und Mädchen gespalten. Bei einer Klassendisko tanzen nur die Mädchen, die Jungen hängen bloß herum. Was können wir gegen unsere Kontaktprobleme tun und wie die Spaltung unserer Klasse beseitigen?

4 Mädchen aus der 8. Klasse

Liebe Mädchen aus der 8.!

Ich bin fest davon überzeugt, daß Ihr Eure Lehrer völlig falsch verstanden habt. Wenn sie einschätzen, daß Ihr noch ein bißchen unterentwickelt seid, dann meinen sie

133

bestimmt Euer allgemeines Benehmen, Eure Leistungsbereitschaft, Euer Verantwortungsbewußtsein, was noch nicht altersgerecht ist. Wie oft Ihr schon zur Disko geht und ob es Euch gelingt, schnell Jungenbekanntschaften zu machen, dürfte wohl kaum ein Maßstab der Beurteilung für Reife sein. Schon gar nicht für einen Lehrer. Wenn das unter Euch in der Klasse so wichtig ist, wenn Ihr daran meßt, wie erwachsen jeder schon ist, dann fehlt da tatsächlich ein ganzes Stück. Wer sich wie Ihr auf diesen billigen Vergleich einläßt, muß in seiner Entwicklung wirklich noch ein Stück zulegen.

Damit will ich nicht sagen, daß es unbedeutend ist, ob sich Mädchen und Jungen gegenseitig ein bißchen ausprobieren, getestet wird, wie komme ich bei anderen an. Auch dabei werden für die Persönlichkeitsentwicklung notwendige Erfahrungen gemacht. Diese allein reichen jedoch niemals aus, um im Kollektiv Gleichaltriger wirklich anerkannt und von Erwachsenen ernst genommen zu werden. Darum möchte ich Euch als erstes raten, bei Leuten, die Euch beeindrucken, genauer hinzusehen, immer zu prüfen, was haben sie zu sagen, was tun sie für die Klasse, wie verhalten sie sich zu jedem einzelnen, wollen sie nur angeben? Wenn da nämlich hinter Diskobesuchen und Jungenanmachen nur Blasen aufsteigen, sind sie die falschen Personen für einen Wettbewerb um einen altersgerechten Entwicklungsstand.

Beobachtet Euch doch untereinander mal eine ganze Woche lang. Dann kommen wir vielleicht der Sache näher, die Eure Lehrer meinen. Zu beurteilen wären so simple Dinge wie die Vorbereitung auf den Unterricht, die unaufgeforderte Meinungsäußerung in den Stunden. Besonders interessant ist das Verhalten in den Pausen. Rast Ihr da noch wie in der Unterstufe im Klassenraum umher, spielt Ihr Euch gegenseitig alberne Streiche, werft mit dem Schwamm, oder distanziert Ihr Euch bereits von solchen Erscheinungen, schreitet sogar dagegen ein? Worüber redet Ihr miteinander? Ist das billiger Klassentratsch, oder bewegen Euch Probleme, die mit Eurem späteren Beruf, mit Nachrichten aus dem Geschehen in der Welt, mit persönlichen Konflikten Eures Alltags zusammenhängen? Wie tretet Ihr in Jugendstunden und FDJ-Versammlungen auf? Sitzt Ihr sie ab wie ein notwendiges Übel, oder tragt Ihr schon dazu bei, daß sie durch Eure Fragen und Meinungen interessant werden? Nehmt Ihr Eure FDJ-Arbeit selbst in die Hand, oder laßt Ihr Euch alles vom Klassenlehrer vorschreiben? Laßt Ihr Euch noch von jedem Störenfried dazu verleiten, stets an unpassender Stelle zu lachen ohne so recht zu wissen, warum? Provoziert Ihr gern Erwachsene, benehmt Ihr Euch bewußt laut und unhöflich, um aufzufallen, oder traut Ihr Euch schon, andere auf derart kindisches Benehmen aufmerksam zu machen?

Wir wollen uns hier auf Verhaltensweisen beschränken, die in der Öffentlichkeit, im täglichen Umgang sichtbar werden, denn daran messen zum Beispiel Eure Lehrer, Eure Eltern, die Nachbarn, Unbekannte im Bus, auf der Straße, wieweit Ihr wirklich schon seid. In diese Reife werden sich dann auch ein zuträgliches Maß an Diskobesuchen und das Umschauen nach Jungen einordnen. Es dauert meist länger, einen wirklichen Freund zu finden, als Jungen aufzureißen. Mit 14, so meine ich, dürft Ihr Euch dafür ruhig noch etwas Zeit nehmen.

Kommen wir nun zur Spaltung Eurer Klasse in ein Lager der Mädchen und in ein Lager der Jungen. Ihr habt das selbst schon in den richtigen Zusammenhang gestellt, auch das ist ein Entwicklungsproblem.

Ich hatte im ersten Abschnitt dieses Buches auf den zeitlich etwas verschobenen Pubertätsbeginn bei Mädchen und Jungen aufmerksam gemacht. Dieser Unterschied in der körperlichen Reife, der sich meist auch im allgemeinen Verhalten, im Anspruch an das andere Geschlecht bemerkbar macht, tritt zum Ende der 7. Klasse

und im Verlauf des 8. Schuljahres besonders deutlich hervor. Während die meisten Mädchen vom Äußeren her schon sehr fraulich wirken, sind viele Jungen noch klein und schmächtig. Oft haben die Jungen noch mehr für solche Spiele und Blödeleien übrig, während die Mädchen gern etwas gesetzter tun. So erklärt es sich, daß die Jungen aus der eigenen Klasse als Partner, nicht einmal als Tanzpartner, kaum in Frage kommen. Das oft ungehobelte Benehmen, meist ein Ausdruck von Unbeholfenheit und Verlegenheit, tut ein übriges. Die Jungen reden etwas abfällig von den Weibern in der Klasse und versuchen die Mädchen zu ärgern, was manchmal auch eine Form der Annäherung ist. Aber an richtiger fester Freundschaft mit einem Mädchen, an Liebe, die alles andere verdrängt, sind sie doch noch nicht so richtig interessiert.

Wie stark nun solche zeitweiligen Interessenunterschiede auf die Kollektiventwicklung wirken, hängt meines Erachtens von den Aufgaben ab, die sich eine FDJ-Gruppe stellt. Es ist ja durchaus nicht so, daß die geistigen Interessen in Eurem Alter völlig unterschiedlich

sind. Darum muß eine 8. Klasse solche Vorhaben auswählen, die Mädchen und Jungen zusammenführen. Und es kann nichts schaden, wenn die Mädchen etwas auf die Jungen eingehen. Eine Klassendisko halte ich beispielsweise für ungeeignet, wenn dort weiter nichts läuft als Bänder zum Tanzen. Und ist Tanzen überhaupt die richtige Form des Vergnügens in dieser Zusammensetzung? Vielleicht muß man sich für ein Klassenfest etwas einfallen lassen, das unterschiedlichsten Interessen gerecht wird. Warum zum Beispiel nicht ein paar Spiele? Spielen ist durchaus nichts, was nur für Kinder gilt. Auch Erwachsene spielen, meist sind es jene, die phantasievoll und schöpferisch ihr Leben gestalten. Wie wäre es mit einem anspruchsvollen Wissenswettbewerb, ein paar kabarettistischen Einlagen über kritikwürdige Zustände in der Klasse? Ich könnte mir ebenso eine Skatecke vorstellen. Und für die Versorgung mit Essen und Trinken könnte man sich auch etwas mehr einfallen lassen, als nur einen Kasten Brause und Schmalzstullen hinzustellen. Alle können in die Vorbereitung einbezogen werden und stehen nicht von vornherein außerhalb.

137

Das Wissen um die ganz natürlichen Abläufe der körperlichen Entwicklung bei Mädchen und Jungen kann dazu beitragen, sich besser zu verstehen, mehr Rücksicht aufeinander zu nehmen, weniger nach Äußerlichkeiten zu urteilen. Darum sollte eine Diskussion zu diesem Thema unbedingt zum Gruppenplan gehören. Vielleicht könnten dabei auch die Themen Höflichkeit, das Verhalten von Mensch zu Mensch erörtert werden.

Spätestens Mitte der 9. Klasse sowie im 10. Schuljahr kommt zwischen Mädchen und Jungen alles wieder ins Lot. Trotzdem muß sich eine Klasse zwischendurch nicht das Leben schwer machen.

Eines jeden Freund sein?

Es gibt bei uns einige sehr überhebliche Mädchen in der Klasse, andere reden hinter dem Rücken. Ich bin sehr empfindlich gegen solche Gehässigkeiten und weiß nicht, wie ich mich dagegen wehren soll. Ich möchte gern eine Persönlichkeit sein. Wie erreicht man es, daß man von allen geachtet wird, auch von denen, die einen nicht so besonders mögen?

Rita, 14 1/4 Jahre

Liebe Rita!

Es ist gut, daß Du anhand der Situation in der Klasse über Deine eigene Position nachdenkst. Aber dabei solltest Du nicht stehenbleiben. Indem Du Dich veränderst, mußt Du auch Einfluß auf Dein Kollektiv nehmen. Da wären wir schon bei einem sehr wichtigen Aspekt einer Persönlichkeit: Denn sie reduziert sich nicht auf gefällige Selbstbespiegelung. Vielmehr geht es darum, sich uneigennützig und unauffällig für andere einzusetzen und an Positionen zu kämpfen, wo es vorwärtsgeht. Ich glaube, im Moment befindest Du Dich noch zu sehr in der Defensive, und das macht Dir mit Recht zu schaffen. Ich nehme an, daß es Dir bei Deinem Drang nach mehr Anerkennung im Kollektiv nicht um Bewunderung und Unantastbarkeit geht.

Eine Persönlichkeit zeichnet sich durch eine gefestigte Meinung aus, die sie offen und überall vertritt. Mit einer solchen Haltung ist es mitunter nicht sofort möglich, der Freund eines jeden zu sein. Man muß sich gegen falsche Auffassungen behaupten und Richtiges auch gegen Widerstände durchsetzen, manchmal auch die eigene Meinung korrigieren. Dazu brauchst Du, liebe Rita, nicht unbedingt ein Maulheld zu sein. Die leisen Töne sind meist viel überzeugender. Schweiger und Ängstliche machen sich allerdings selbst zur Zielscheibe eines unausgeglichenen Kollektivs, an der dann alle Launen ausgelassen werden.

Du merkst es schon selbst, übertriebene Empfindsamkeit bringt Dich nicht voran, sie wird von den anderen vielleicht sogar als Feigheit betrachtet. Menschen, die darauf aus sind, sich mit keinem anzulegen, niemandem weh tun wollen, zeigen sich stets und ständig versöhnlerisch und fressen alles in sich hinein.

In ihrer eigenen Unzufriedenheit werden sie für die Gruppe immer unproduktiver und finden kaum Beachtung.

Wenn Du also für Deine persönliche Entwicklung etwas tun willst, dann soll alles das, was bei Euch nicht funktioniert, offen ausgesprochen werden. Dazu muß man den Mut in einer FDJ-Versammlung genauso finden wie im privaten Gespräch. Es hat auch keinen Sinn, sich allgemein über die Klasse auszulassen, sondern es muß mit Name und Adresse gearbeitet werden. Wer vergiftet durch Unehrlichkeit, Überheblichkeit und Tratsch die Atmosphäre, und wo liegen die Ursachen dafür? Ich meine, es ist auf dem Wege zur Persönlichkeit schon wichtig, sich nicht einfach nur an die Klagemauer zu stellen. Ein Nachdenken über das Warum und Wohin sollte jeder Bemerkung vorausgehen.

Tragen wir ein paar mögliche Ursachen für das Verhalten Deiner Klassenkameraden zusammen. Auf der Strecke zwischen Kindheit und Erwachsensein kommt es oft zu Widersprüchen, die vielfach durch falsche Erziehungshaltungen im Elternhaus begünstigt werden. Während manche Deiner Altersgenossen schon alles, also zuviel, selbst entscheiden können, häufig mit materiellen Zuwendungen verwöhnt werden, verlangt man von anderen noch bedingungslose Unterordnung, Taschengeld und Ausgang sind knapp bemessen.

Wesentlich für Achtung und Anerkennung in Deinem Alter sind nicht selten körperliche Reifezeichen, auch gewisse Erfahrungen mit dem anderen Geschlecht, ob man raucht oder nicht usw. Zu solchen oberflächlichen Bewertungen neigen vorwiegend Mädchen und Jungen, die mit anderen Pfunden nicht gerade wuchern können. Je besser man solche Vordergründigkeit und die Ursachen für Unkameradschaftlichkeit durchschaut, um so leichter fällt es, sich davon zu distanzieren und eine eigene Linie zu finden.

Die Auseinandersetzungen in Deiner Klasse, Rita, bieten also gute Möglichkeiten, die Persönlichkeit zu entwikkeln. Dabei wird Geduld vonnöten sein, denn es ändert sich nichts, wenn Du es lediglich wagst, einmal auf den Tisch zu hauen. Auch dann nicht, wenn Du nur kleinliche Diskussionen führst und keine neuen Fragen aufwirfst. Der hohe Anspruch, eine Persönlichkeit zu werden, kann sich nicht nur in dieser Bewährung realisieren. Wir müssen den Rahmen weiterstecken, denn wir sprechen nicht schlechthin von Persönlichkeit, sondern sagen bewußt, daß wir sozialistische Persönlichkeiten erziehen wollen, also Menschen, die sich mit ihrem Wissen und Können für unsere Gesellschaftsordnung einsetzen.

Wenn sich Leistungen mit guten Charaktereigenschaften und festen Idealen paaren, setzt man sich überall durch, man findet Beachtung, fällt auf, ist aber niemals auffällig.

Warum kann mich keiner leiden?

Ich kann von mir sagen, daß ich kein vorlauter oder frecher Schüler bin. Ich rauche nicht und gehe auch noch nicht zur Disko. Ich bin kein Muttersöhnchen, wie ich von meinen Klassenkameraden genannt werde. Ich weiß genau, was ich will, und vertrete auch meine Meinung, aber dazu lassen sie mich nicht kommen. Weiterhin bin ich ein guter Schüler und dadurch werde ich „Strebi" genannt. Ich kann doch aber meine Leistungen nicht verschlechtern, da es einmal um den Beruf geht. Meine Größe ist 1,68 Meter, und ich wiege 50 Kilogramm, ich bin also schwächer als meine Klassenkameraden, gegen die ich da nicht antreten kann. Den Kontakt zu einem Jungen konnte ich nicht mehr halten, da er ab der 5. Klasse raucht und nur Mädels im Sinn hat. Meine Eltern sind Eltern wie andere auch, aber wir haben öfter mal ein neues Auto. Auch damit werde ich gehänselt, was doch gar nicht in die Schule gehört. Sie geben mir Flaschen, damit ich diese wegschaffen soll, für ein neues Auto. Ich bin sehr sparsam, das stimmt, aber das kann doch nicht der Grund sein, daß sie mich ablehnen.

Dies geht jetzt schon soweit, daß die Schüler der 10. Klasse, die guten Kontakt zu mir hatten, sich von

meinen Mitschülern beeinflussen lassen. Ich habe schon des öfteren versucht, mich zu wehren, aber dies machte meine Lage noch schlimmer. Hatte ich mir einen einzelnen vorgenommen, so freute ich mich, aber dies war mein Fehler. Um so mehr kamen dann auf mich zu, und ich wurde verprügelt. Zuerst getraute ich mir das meinen Eltern nicht zu erzählen, aber abgerissene Knöpfe am Hemd, Anorak kaputt, Hosen voll Grasflecke usw., das sagte genug. So konnte es nicht weitergehen. Meine Mutti wollte daraufhin zu meinem Klassenlehrer, zu dem sehr guter Kontakt besteht. Das lehnte ich ab.

Ich bin Kassierer des Essengeldes seit 5 Jahren und habe nun auch hier Angst, daß sie mir eines Tages das Geld wegnehmen und ich muß es ersetzen.

Ulf, 15 Jahre

Lieber Ulf!

Alles, was Du tust, ist recht lobenswert und tadelfrei. Du glaubst an Dir eine Vollkommenheit zu entdecken, die für Deine weitere Entwicklung wichtig zu sein scheint. Allem, was Dir schaden könnte, gehst Du aus dem Weg. Dazu haben Dich Deine Eltern von klein auf erzogen, sicher haben sie Dich auch von vielen Unbilden ferngehalten, Deine Bahnen geebnet. Nun, da Du älter geworden bist, nicht mehr ständig den Schutz Deiner Eltern in Anspruch nehmen kannst, Dich selbst mit anderen Lebenshaltungen und Meinungen auseinandersetzen mußt, spürst Du eine Kraftlosigkeit, die Dich zum Außenseiter macht.

Denke nicht, daß mir jene Mädchen und Jungen gefallen, die sich nur mit rüdem Ton behaupten, die herumraufen und mit der Zigarette zwischen den Zähnen Erwachsensein demonstrieren wollen. Dieses muß man nicht nachäffen, um Anklang zu finden.

Aber man darf von solch äußeren, mitunter auch vorübergehenden Erscheinungen nicht immer gleich auf den ganzen Menschen schließen. Wenn Jungen mit 15 die Diskothek besuchen und sich für Mädchen interessieren, so bedeutet das noch lange nicht, daß sie dümmer und weniger zielstrebig sind als Du, daß einmal nichts aus ihnen wird. Vielleicht sind sie einfach vielseitiger, wollen in diesem Alter bereits eigene Erfahrungen sammeln, formen durch Annahme und Ablehnung bei anderen ihren Charakter, probieren sich aus.

Selbstverständlich wird man nicht nur in dem genannten Freizeitbereich zu einer gewissen Lebensgewandtheit finden. Aber wenn man wie Du so etwas alles ablehnt, gar verurteilt und sich selbst mit seiner Tugendhaftigkeit auf einen Sockel stellt, dann verliert man ein reales Einschätzungsvermögen zu sich selbst und zu dem, was andere tun. Ich bin davon überzeugt, daß Dich Deine Klassenkameraden nicht ablehnen, weil Du gut lernst, nicht rauchst, sparsam bist und Deine Eltern ab und zu ein neues Auto kaufen, wie Du schreibst. Ähnlich verhalten sich und leben Tausende Schüler in unserem Land, ohne in einen solchen Konflikt zu geraten und unglücklich zu sein. Die meisten von ihnen gehören sogar zum Kern des Kollektivs, strahlen auf andere aus, sind wegen ihrer Hilfs- und Einsatzbereitschaft sehr geachtet.

Daß das bei Dir nicht so ist, hat nichts mit Neid und Mißgunst Deiner Mitschüler zu tun, sondern liegt zum großen Teil daran, wie Du Dich vor ihnen gibst. Ich habe aus Deinem Brief auch den Eindruck gewonnen, daß Du sehr viel nur aus der Berechnung tust, Erwachsenen zu gefallen, daß es eigentlich immer nur um Dich geht. Sicher kommt erschwerend hinzu, daß Du in einer noch etwas kindlichen Naivität auch ein bißchen angibst. Andere in Deiner Klasse sind da gewiß schon etwas weiter, sie wissen, daß der Lebensstandard der Eltern für das eigene Ansehen in der Schule gar nicht zählt.

Und ich will nicht beschönigen, daß Jugendliche meist eine sehr ungeschliffene Art haben, Kritik an solchen zu üben, die sich schlecht wehren können und erst etwas später den Schritt zu körperlicher und seelischer Reife vollziehen. Darüber, wie man sich zueinander verhält, sollte viel öfter in FDJ-Versammlungen geredet werden.

Bestimmt hat Dich übersteigerter Ehrgeiz Deiner Eltern, aus Dir einen guten und braven Schüler zu machen, in diese Lage versetzt. Es wäre gut, würdest Du diese Sache jetzt allein durchboxen. Das Gespräch mit dem Klassenleiter kannst Du selbst führen. Sicher bist Du aus der Sicht des Lehrers ein angenehmer Schüler, aber ein guter Lehrer wird Deine gesamte charakterliche Entwicklung im Auge haben. Er wird sehr genau erkennen, daß übertriebene Tugendhaftigkeit auch einen Menschen blutarm machen kann, weil er auf andere nicht ausstrahlt, weil sein Leistungsvermögen nur halb soviel wert ist, wenn er andere Menschen nicht führen und beeinflussen kann. An diesem vertraulichen Gespräch müßte der FDJ-Sekretär der Klasse teilnehmen, weil er die Sicht der Altersgefährten mit einbringen kann.

Der erste und sicher der schwerste Schritt für Dich, Ulf, ist getan, wenn Du bereit bist, Dich zu Deinem Problem zu bekennen und Deine Mitschüler als Partner zu akzeptieren. Wäre es nicht möglich, im Rahmen der Aufgaben, die Ihr Euch für dieses Schuljahr gestellt habt, einen konkreten Auftrag für Dich festzulegen? Du kassierst, wie Du mir geschrieben hast, zwar jeden Monat das Essengeld, aber das ist auch so eine reine Fleißarbeit. Etwas, was Dich ganz fordert, wäre besser, wo Du etwas für die Klasse organisierst, wo Du die Mithilfe anderer brauchst, wo kein besonderes Lob herausspringt, nur der Erfolg, daß es allen gefallen hat.

Niemand will Dich in die Disko zwingen, denn jeder Mensch soll nur das tun, was ihm wirklich Spaß macht. Aber was ist das, was Dir Spaß macht, was Dich mit Gleichgesinnten zusammenführen könnte? Darüber solltest Du einmal sehr gründlich nachdenken, denn nur gut zu sein nutzt weder Dir noch unserer Gesellschaft, wenn das Streben ohne Ziel, ohne spezifische Interessenausbildung verläuft.

Was schreibe ich in mein Tagebuch?

Ich habe vor vier Jahren angefangen, ein Tagebuch zu schreiben. Mein Vater hat dieses Buch gefunden und ist nun sehr enttäuscht von mir. Es stimmt, daß ich viel Kritisches über ihn geschrieben hatte und er jetzt zu Recht beleidigt ist. Ich habe das Tagebuch zerrissen und mich bei ihm entschuldigt. Trotzdem ist unser Verhältnis gestört. Er

glaubt nicht daran, daß ich ihn richtig gern habe. Ist es wirklich so verwerflich, in einem Tagebuch auch einmal schlechte Stimmungen loszuwerden und das zu schreiben, was man gerade denkt?

Tina, 13 Jahre

Liebe Tina!

Ich finde es sehr schade, daß Du Dein Tagebuch zerrissen hast. Das zeigt mir, daß Du noch keine Position zu Deiner eigenen Vergangenheit oder, sagen wir besser, zu Deiner Entwicklung hast. Was einmal gedacht, erlebt, empfunden und danach aufgeschrieben wurde, einfach zu vernichten, es vor sich selbst nicht mehr wahrhaben zu wollen, wirkt nicht überzeugend und gründet sich genauso auf einen Blitzgedanken wie manches Wort im Tagebuch. Ich glaube, Dein Vater wäre weniger verunsichert, könntest Du das, was Dich vor Jahren einmal mehr oder weniger spontan bewegte, begründen, würdest Du dem damals Geschriebenen heutige Sichten hinzufügen.

Warum schreibt man ein Tagebuch? Sicher zunächst, um Erlebnisse und Gedanken festzuhalten, um das Erinnern leichter zu machen. Für sehr viele Menschen gilt das Tagebuch als wichtiger Vertrauter. Hier schreiben sie sich Freude und Kummer vom Herzen. Das Schreiben trägt dazu bei, die Gedanken zu ordnen, sich auf das Wesentliche zu konzentrieren, das Erlebte noch einmal zu durchdenken, erste Schlußfolgerungen zu ziehen. So helfen die Aufzeichnungen in einem Tagebuch ganz unauffällig, manches kleine Problem zu lösen. Blättert man hin und wieder Seiten und damit Zeiten zurück, liest sich da und dort fest, wird man immer wieder feststellen, daß manches Zurückliegende banal wirkt. Verarbeitete Erlebnisse, mehr Wissen und Erfahrungen haben inzwischen zu neuen Erkenntnissen geführt. Man würde heute, nach einem oder mehr Jahren, manches gar nicht oder nicht mehr so aufschreiben. Schmunzeln und Kopfschütteln über sich selbst sind Ausdruck dafür, daß wir nicht irgendwo stehengeblieben sind. So gesehen ist ein Tagebuch ein interessantes Zeitdokument, das Auskunft gibt über die eigene Entwicklung.

Da scheint es mir für ein anspruchsvolles Tagebuch notwendig, auch immer mal wieder Bezüge zu zurückliegenden Eintragungen herzustellen. Auf diese Weise läßt sich manche unüberlegte, nur auf den Tag passende Meinungsäußerung geraderücken. Natürlich sollte das niemals aus berechnender Vorsicht geschehen, ein Tagebuch für andere, vielleicht sogar „handelnde Personen", lesbar zu machen. Die Zwiesprache mit sich selbst ist nur von Wert, wenn sie unvoreingenommen und manchmal auch spontan ist und ehrlich bleibt. Das befürwortet nicht, wahllos und unüberlegt draufloszuschreiben und sich durch minutiöse Tagesabläufe ständig zu wiederholen.

Tagebücher, die nur für den Tag geschrieben sind, geben später wenig her. Nur Gedankenbrücken, vertiefende

147

Betrachtungen machen sie zu einer unverwechselbaren Lektüre, deren man sich selbst dann nicht schämen muß, wenn sie einmal in zweite Hände gerät.

Ganz auszuschließen ist ja ein solcher Umstand nicht, denn der individuelle Charakter eines Tagebuches macht Familienmitglieder und Freunde auch neugierig. Trotzdem sollte jeder gerade die sehr persönliche Beziehung des Tagebuchschreibers zu seinen Notizen achten und nicht sensationslustig schnüffeln. Es ist für einen anderen oft schwer, allen Gedankengängen zu folgen. Aus der Sucht, in ein Geheimnis einzudringen, können sich beim unaufgeforderten Lesen eines Tagebuches leicht Mißverständnisse und Fehldeutungen ergeben. Darum sollten sich Eltern oder manchmal auch enge Freunde doch lieber entschließen, Beunruhigendes im Verhältnis zueinander zu erfragen, Probleme im Gespräch zu lösen, als sie auf eigene Kappe aus einem Tagebuch herauslesen zu wollen. So etwas kann das gegenseitige Vertrauensverhältnis empfindlich stören. Und so hat Dein Vater auch eine Aktie an den gegenwärtigen Spannungen. Was er nun an kritischen Bemerkungen über sich selbst gelesen hat, sollte er mit Abstand betrachten und erkennen, daß auch er es nicht verstanden hatte, seine eigenen Interessen und seine Erwartungen an Dich deutlich zu machen. Wird in der Familie nicht die Möglichkeit gefunden, über Meinungs- und Interessenunterschiede, die wohl zwischen jüngeren und älteren Menschen ganz normal sind, sachlich zu diskutieren, kommt Sand ins Getriebe. Die Autorität der Eltern gebietet es, die Unmutsfalten zu verdekken. In einem Tagebuch aber darf sich Tochter oder Sohn schon ein bißchen Luft machen. Das hilft, am nächsten Tag manches klarer zu sehen und sich besser zu verhalten. Eltern sollten ebenfalls bedenken, daß die eigenen Kinder sehr sensible und scharfe Beobachter sind. Widersprüche im Handeln der Eltern, Diskrepanzen zwischen Wort und Tat zum Beispiel, werden von ihnen schnell wahrgenommen. So kann auch ein gesundes Verhältnis zur Kritik der Kinder dazu beitragen, bei sich selbst die Maßstäbe höher anzusetzen. Vielleicht können Du und Dein Vater durch diese kritische, aber produktive Sicht auf das Geschriebene die tiefe Beziehung zueinander wiederentdecken.

Die besten Freunde wegschnappen lassen?

Wir kommen mit allen Mitschülern gut aus. Dabei bildet ein Mädchen eine Ausnahme. Sie kann nicht sehen, wenn wir mit Jungen zusammen sind. Schon einige Male hat sie es geschafft, unsere Freundschaften zu zerstören. Wir verstehen es nicht, wie sie es anstellt, aber sie ist eben hübsch und zeigt, was sie hat. Das mögen die Jungen wohl sehr. Wie sollte man sich zu so einem Mädchen verhalten?

Sigrid und Elke, 13 Jahre

Liebe Sigrid, liebe Elke!

Das ist natürlich wirklich ärgerlich, wenn ein so selbstsüchtiges Mädchen in der Nähe ist und sich überall zum Mittelpunkt des Geschehens macht. Aber ich denke, auf ihre Eroberungen müßt Ihr nicht neidisch sein. So schnelle Erfolge können nur oberflächlicher und schnellebiger Natur sein. Meist sind solche Annäherungsversuche auch gar nicht ernst gemeint, dienen lediglich dazu, sich bewundern zu lassen. Das ist in der Tat eine recht primitive und rücksichtslose Art, Kontakte herzustellen.

Aber das gilt ja nicht nur für die zwischenmenschlichen Beziehungen. Wer keine Qualität schafft, versucht es manchmal mit Quantität. Wir können uns damit trösten, daß dieses Mädchen nichts festhalten kann, daß sie ihre Vordergründigkeit um jede tiefe und feste Freundschaft bringen wird. Darum kann dieses Verhalten bei einigermaßen geistvollen jungen Leuten auch nur eine Zwischenstation sein, weil sie bald selbst merken, welche Leere zurückbleibt, wenn man mit anderen nur rein äußere Berührungspunkte hat. Bei Mädchen allerdings mit geringen Ansprüchen an sich selbst, ohne das Streben, bestimmte Lebensziele zu erreichen, wird die Aufmerksamkeit der Jungen oft ein Ersatz für die Anerkennung, die andere zum Beispiel durch ihre Leistungen in Schule und Beruf erwerben.

Das augenblickliche Nachsehen, das Ihr bei den Jungen habt, die sie Euch wegschnappt, wollen wir aber nicht nur auf das Mädchen schieben. Daß sich die Jungen so schnell umlenken lassen, macht zumindest deutlich, daß auch sie wohl noch nicht die Reife für eine dauerhafte Freundschaft haben. Ihr habt richtig beobachtet, daß Jungen stark durch feilgebotene weibliche Reize angelockt werden, sich mitunter auch an Äußerlichkeiten orientieren. Das hängt auch mit ihrer körperlichen und seelischen Reifung, die noch im Aufbruch ist, und der Entdeckung des anderen Geschlechts zusammen. Aber geht es Euch nicht auch so, daß Ihr Jungen, die stark und männlich wirken, besonders interessiert beobachtet? Leider existieren einige Klischees von Weiblichkeit, so daß jene Mädchen, an denen schon ein bißchen mehr dran ist, die kokett sind und es verstehen, die Jungen ein bißchen verrückt zu machen, in Vorderhand sind. Jungen müssen es ebenso wie Ihr erst lernen, die Spreu vom Weizen zu sortieren. Fest steht, daß sich auf die Dauer Mädchen, die sich gar zu schnell verschenken, allein mit ihrem hübschen Gesicht und ihren ansprechenden Körperformen nicht durchsetzen können. Von einer richtigen Freundin verlangt ein Junge bald mehr.

Ich will jedoch davor warnen, die Hübschen grundsätzlich in diese Kategorie einzuordnen. Manche Mädchen reden auch gern abfällig über Geschlechtsgenossinnen, weil sie selbst noch gar keine Ausstrahlung erreicht haben. Daß es Eurer Mitschülerin gelingt, Euch die Freunde auszuspannen, kann also durchaus auch an Euch liegen. Wenn man wie ein gebanntes Kaninchen vor der Schlange ihrem Treiben zuschaut und ihr geschlagen das Feld überläßt, zeigt man sich nicht gerade sehr selbstbewußt. Ein Konkurrenzkampf oder gar Dispute wären lächerlich, aber mit Überlegenheit könntet Ihr dem Mädchen durchaus seine Grenzen zeigen. Über den Dingen zu stehen äußert sich beispielsweise, wenn Ihr ihre Vordergründigkeit völlig ignoriert und keinen Ärger zeigt. Jungen, die so schnell umkippen, müssen für Euch ebenfalls Luft sein. Sie wären nämlich der Mühe nicht wert.

Das ist doch alles „Spinne"

Wir sind Schülerinnen einer 8. Klasse. In unserem Kollektiv gibt es zwei Mädchen, die gern einen Freund hätten, aber keinen bekommen. Sie schreiben sich deshalb im Unterricht Briefe. Darin lassen sie sich darüber aus, wie sie sich ihre Zukunft vorstellen, mit Männern, Kindern usw. Wir haben einen Brief in der Pause heimlich von ihrem Tisch genommen. Darin steht etwas von einem Klassentreffen, das also lange nach unserer Schulzeit stattfindet. Eine teilt der anderen ihre Familiengeschichte mit, daß sie von ihrem Mann geschieden sei und sich nun wieder verloben wolle. Zwei Kinder hat sie bereits, mit denen sie gerade auf dem Rummel war. Auch die Schwiegermutter, die das Kind so füttert, daß es zu dick wird, spielt darin eine Rolle. Wir fragen uns nun, was ist das alles für ein Quatsch, sind die beiden noch normal?

Klasse 8

Liebe Klasse 8!

Ich halte es nicht für so bedenklich, wenn Menschen voller Phantasien und Träume stecken. Träume sind immer der Ausdruck von schöpferischem Denken, von Zukunftsbewußtsein. Die Frage also, ob die Mädchen noch normal seien, ist völlig fehl am Platze. In Eurem Alter sind Phantasien besonders ausgeprägt. Darin äußert sich ein Widerspruch zwischen vorhandenen Wünschen und der Möglichkeit ihrer Realisierung. An der Schwelle des Erwachsenseins ist der Wille nach Selbständigkeit, eigenen Entscheidungen, materieller Unabhängigkeit verständlicherweise sehr groß. Während die Gedanken der Zeit vorauseilen, wird mancher doch recht unsanft daran erinnert, daß er gar nichts zu sagen und viel zu lernen habe, noch unerfahren und lange nicht erwachsen sei. Das Bedürfnis, in der Gedankenwelt all das zu tun, was sie gern möchten, wird bei solchen Jugendlichen besonders groß, die zu Hause sehr bevormundet und nicht altersgerecht behandelt werden. Ebenso kann ein ungünstiges häusliches Milieu dazu anregen, das Bessermachen und Anderssein zu idealisieren. Meist werden für Vorstellungen, die sehr ins Detail gehen, nur Vorbilder nachgestaltet, oft sind es Mischformen eigener Beobachtungen und Erlebnisse und neuer Gedanken.

Ein bißchen zu spinnen kann meines Erachtens sehr produktiv sein, wenn es nicht zu schillernde Blüten treibt. Trägt es doch in positivem Sinne dazu bei, die Träume auch zu realisieren. Das Ausdenken von eigenen Lebenssituationen ist doch immer eine sehr intensive Auseinan-

dersetzung mit eigenen Ansprüchen und bedeutet zugleich ein gutes Verhaltenstraining. Daß in den Phantasien junger Leute die persönliche Sphäre, also Mann, Kinder, Familie, einen vorderen Platz einnimmt, hängt mit den Erfahrungen zusammen, die auf dieser Ebene im eigenen Elternhaus gemacht werden. Phantasien spiegeln im gewissen Umfang stets die erlebte Wirklichkeit wider.

Vielleicht kennt Ihr das wunderschöne Buch „Um sechs Uhr steh ich auf". Hier formulieren Kinder ihre Zukunftsvorstellungen und bewerten Erlebtes. Interessant an diesen Geschichten ist, daß immer Arbeit, Beruf und gesellschaftliche Position als ganz wichtiges Feld der persönlichen Bewährung genannt werden. Dieser Lebensbereich fehlt im Briefwechsel Eurer Klassenkameradinnen völlig. Sie spinnen sich in Haus und Ehe ein wenig ein und bleiben damit auch in ihren Phantasien ein paar Nummern zu klein.

Es dürfte Euch allerdings schwerfallen, mit ihnen darüber zu diskutieren, denn den zitierten Brief habt Ihr Euch ohne ihr Wissen widerrechtlich angeeignet. Es gäbe ledig-

153

lich ein Wort darüber zu verlieren, daß sie laufend im Unterricht Zettel schreiben.

Aber Euer ganzer Ärger geht eigentlich nicht in diese Richtung.

Daß die Mädchen noch keinen Freund haben, scheint Euch mehr zu beunruhigen als sie selbst. Es klingt fast schadenfroh, wie Ihr schreibt, daß sie sich einen Freund wünschen, aber keinen bekommen. Vielleicht reichen ihnen gegenwärtig ihre Träume noch, oder es paßt keiner in das Bild, das sie gerade von einem Partner malen. Das ist kein Makel in Eurem Alter.

Wenn Ihr ehrlich zu Euch selbst seid, werdet Ihr zugeben, daß jeder von Euch ab und zu ein bißchen träumt, sich Situationen vorstellt, die er gern mit einem Freund erleben möchte, sich schon in Gedanken eine Wohnung einrichtet, sich manchmal auch irgendwo als großen Helden sieht. Daß es die meisten nicht aufschreiben, für sich behalten, was da so durch den Kopf geht, ändert nichts an der Tatsache, daß auch das alles noch „Spinne" ist.

Wenn die Mädchen nicht ständig geistig abwesend sind, sich nicht vom Kollektiv absondern und ihren Möglichkeiten entsprechende Leistungen zeigen, ist es sehr unfair, in ihre Träume einzudringen und sie damit vor allen bloßzustellen. Es wäre im Interesse einer guten Atmosphäre im Klassenkollektiv, wenn Ihr niemanden wissen laßt, daß Ihr Kenntnis über den Inhalt dieser erfundenen Briefgeschichten habt. Aber vielleicht laßt Ihr Euch durch die ganze Sache anregen, mal in der Klasse eine „Spinnstunde" durchzuführen, wo jeder seine Gedanken zu seinem zukünftigen persönlichen Leben äußert. Manchmal vergeben Lehrer so etwas sogar als Aufsatzthema. Hier hat man dann Ansatzpunkte, miteinander zu diskutieren und so sehr eng gesehene Positionen, wie sie bei den Mädchen durchaus zum Vorschein kommen, zu korrigieren.

Rot anlaufen wie eine Tomate

Ich habe ein riesiges Problem. Ich werde bei jeder Gelegenheit rot wie eine Tomate. Das ist keine Übertreibung. Ich wage darum auch nicht, ein Mädchen, das mir gefällt, zum Tanz aufzufordern. Es passiert, wenn ich einkaufen gehe oder mit der Bahn fahre. Vor jedem Schulappell habe ich panische Angst, weil ich ausgezeichnet werden könnte und nach vorn treten müßte. Was soll ich nur machen? Aber denken Sie nicht, daß ich mich nicht mit meinen Schulkameraden verstehe. Ich bin auch nicht häßlich.

Dan, 15 Jahre

Lieber Dan!

Wenn einer bei jedem Kontakt mit anderen Menschen rot anläuft, dann ist er überaus sensibel und unsicher. Das Rotwerden tritt immer dann ein, wenn er mit geschätzten und geliebten Menschen sowie unbekannten Personengruppen zusammentrifft. Aber auch bei scheinbar höhergestellten Personen macht sich starke Aufregung bemerkbar. Überlege einmal, was Dich dann so verunsichert. Du fürchtest, keinen guten Eindruck zu machen, fühlst Dich beobachtet, hältst andere für gewandter, hast ständig Angst, Dich zu blamieren. Die aufschießende Wangenröte schließt den Teufelskreis. Du spürst die Hitze im Gesicht und in den Ohren und benimmst Dich tatsächlich auffällig, ungeschickt. Diese Erfahrung führt dazu, bestimmte Situationen und Personen ganz zu meiden.

Nun ist kaum einer im jugendlichen Alter schon in der Lage, sich vollkommen selbst zu beurteilen. In der Auseinandersetzung mit der Umwelt, mit Leuten, mit sich selbst bilden sich eigene Wertmaßstäbe heraus. In diesem Prozeß kann es schon mal zu einer falschen Bewertung der eigenen Wahrnehmungen und zu einer Über- oder Unterschätzung der eigenen Persönlichkeit kommen. Dieser Konflikt führt besonders bei denen, die sich dauernd unterschätzen, schnell zu Hemmungen und auch zum Erröten. In der Pubertät begünstigt die hormonelle und vegetative Umstellung des Körpers das Rotwerden. Es kommt dann bei solchen Zuständen wie Freude, Zorn, Verlegenheit und Scham zu einer Gefäßerweiterung und stärkeren Durchblutung bestimmter Hautpartien. So läuft die rein körperliche Reaktion ab.

Wie läßt sich nun mehr Selbstsicherheit erwerben? Wie bekämpft man übertriebene Schüchternheit? Es geht nicht darum, alle Hemmungen abzubauen, denn Hemmungslosigkeit äußert sich meist in Rücksichtslosigkeit, Unhöflichkeit, durch ein anmaßendes und unbescheidenes Wesen. Ich will damit zum Ausdruck bringen, daß gewisse Hemmungen notwendig sind, um sich in einem Kollektiv, im gesellschaftlichen Leben angemessen zu verhalten. Was Du trainieren mußt, ist eine Selbstsicherheit, die es gestattet, Deine eigenen Ansprüche zu akzeptieren und sie zu äußern. Vor allem mußt Du es lernen, nein zu sagen, wenn Du eine Anforderung oder Bitte für ungerechtfertigt hältst. Analysiere einmal, wie Du Dich in der Regel zu anderen verhältst: Wehrst Du Dich in der Klasse, wenn Dir etwas nicht paßt? Passiert es nicht oft, daß Deine Schüchternheit und Bescheidenheit ausgenutzt werden und man Dir Aufgaben aufbürdet, die nicht so sehr angenehm sind oder die andere abschieben? Sagst Du unaufgefordert Deine Meinung? Bist Du bereit, Dir angenehme und unangenehme Gefühle einzugestehen?

Wenn Du es jetzt schaffst, solche Situationen ganz ehrlich einzuschätzen, dann ist ein erster Schritt schon getan. Du erkennst nämlich den Ausgangspunkt Deiner Unsicherheit. Du weißt jetzt genau, wann es am häufigsten passiert, daß Du rot wirst und Dich so wertlos fühlst. Auf eine Reihe dieser Situationen kannst Du Dich vorbereiten, indem Du Dir Formulierungen und Handlungsabläufe vorher zurechtlegst. Es ist gut, bestimmte Aussagen, die man gern machen möchte, zu Hause unbeobachtet vor sich her zu sprechen. Tritt dabei vor den Spiegel und beobachte Deinen Gesichtsausdruck. Es ist beispielsweise wichtig, mit einem festen Blickkontakt einen Wunsch, eine Forderung, eine Bitte zu unterstreichen. Gewöhne Dich daran, laut und verständlich zu sprechen, weil durch Mißverständnisse oder Nachfragen Peinlichkeiten entstehen können. Durch ein freundliches, aber bestimmtes Auftreten gibst Du anderen Menschen eher die Möglichkeit, positiv auf Dein Anliegen zu reagieren, als durch Unterwürfigkeit.

Du hast einige Situationen genannt, die bei Dir schon von vornherein Komplexe verursachen. Nehmen wir das Einkaufen. Liegt es vielleicht daran, daß Du Dir schlecht merken kannst, was Du kaufen willst, und dann, wenn Du an der Reihe bist, verwirrt reagierst? Warum machst Du Dir keinen Zettel? Das ist kein Hilfsmittel für kleine Kinder — auch Erwachsene schreiben auf, was sie brauchen, und benutzen diese Gedankenstütze. Das findet niemand komisch.

Auch noch ein Wort zum Auffordern beim Tanzen. Welche Mädchen guckst Du Dir aus? Sind es die, die allgemein gefallen, auf die alle zustürzen? Dann ist auch ein Herzklopfen berechtigt, weil Du damit rechnen mußt, zu spät zu kommen oder abgelehnt zu werden. Einen Korb wirst Du aber aufgrund Deiner allgemeinen Unsicherheit noch nicht wegstecken. Darum möchte ich Dir raten, Dich nach solchen Mädchen umzusehen, die weniger auffällig sind und genauso wie Du wünschen, beachtet zu werden, Kontakt zu bekommen. Kleine Erfolge der Anerkennung, der Selbstüberwindung werden Dein Selbstbewußtsein stärken. Gelegentliches Erröten wird trotzdem eintreten. Das kann sogar ganz reizvoll sein, wenn man nicht wie einer auftritt, der mit allen Wassern gewaschen ist.

Ich bin ein Popper-Mädchen

Ich wurde vor einiger Zeit in eine Gesellschaft eingeführt, die in der Öffentlichkeit unter der Bezeichnung „Popper" bekannt ist, kurzum, ich bin ein Popper-Mädchen. Nun, das wäre ganz harmlos, ich glücklich, das Publikum zufrieden, aber: ich wohne in einer kleinen Gemeinde. Ich sehe meine Gesellschaft nur an den Nachmittagen, sonst natürlich an den Wochenenden und während der Ferien. In der Schule entwickelten sich ernst zu nehmende Konflikte zwischen dem Publikum und mir, deren Ursprung nicht bei mir zu suchen ist. Der überwiegende Teil meines täglichen Umgangs (meine Mitschüler) ist neutral. Alle haben den gleichen Stil und wünschen keinen neuen. Demzufolge fand meine Veränderung einen extrem negativen Anklang. Diese Leute echauffieren sich über meine Kleidung, meine Frisur, mein Make-up, als ob es ein Vergehen wäre. Sie wollen nicht hinnehmen, daß ich eine andere Musik höre, eine andere Ausdrucksweise pflege, als sie es gewohnt sind. Ich sprach bereits mit meiner Gesellschaft darüber, diese anschließend dann auch mit gewissem Publikum in der Schule, jedoch vergebens. Hinzu kommt, daß es mir nicht leichtfällt, sie in Anspruch zu nehmen, weil ich nicht in der Lage bin, mich über diese Kreise der Öffentlichkeit hinwegzusetzen. Ich will akzeptiert werden, weiter nichts. Ich bin immer noch ein Mensch — ich bin Jane!

Jane, 15 Jahre

Liebe Jane!

Deine Empörung über Deine Mitschüler wundert mich etwas. Tragen Deine ganze Aufmachung, Dein Benehmen nicht gerade dazu bei, Deine Mitschüler zu provozieren, Zustimmung oder Ablehnung herauszufordern? Wer sich in seinem Erscheinungsbild extrem von der Mehrheit entfernt, muß wohl damit rechnen, aufzufallen und beurteilt zu werden.

Damit will ich mich keinesfalls auf die Seite derer schlagen, die wie Eintöpfe herumlaufen. Wenn das Auftreten und die Kleidung eines Menschen seinen ganz persönlichen Stil repräsentieren, Eigenes verraten, dann kann ich diesen Mut nur begrüßen. Ich finde, daß sich Mädchen und Jungen Deines Alters über ihre persönliche Note viel zuwenig einen Kopf machen und darum auch sehr schnell dabei sind, über Auffälligkeiten bei anderen herzuziehen. Soweit zur Mode.

Nun stellt allerdings auch Dein Äußeres nichts Eigenes dar. Du willst zwar anders als andere sein, merkst aber dabei nicht, daß Du nur in eine neue Gleichartigkeit schlüpfst. Du vertrittst mit dem maskenhaften Schminken, der aufgewienerten Kleidung und dem affektiert wirkenden Benehmen eine Gruppe junger Leute, in der im Prinzip auch einer wie der andere aussieht.

Das würde mich überhaupt nicht stören, weil es sehr oberflächlich wäre, Menschen nur nach ihrem Erscheinungsbild zu beurteilen, modische Kapriolen gleich für einen geistigen Defekt zu halten. Ich stimme Dir zu, daß wir mitunter größere Toleranz für Buntheit, Vielfältigkeit, Verrücktheit, Anderssein brauchen. Auch sie gehört zu einem sicheren Urteilsvermögen, man muß sie erwerben durch Erfahrung und Diskussion.

Nun machst Du es aber Deinen Mitschülern sehr schwer, mit Dir offen und ehrlich zu diskutieren. Indem Du sie zu Deinem „Publikum" degradierst und Dich und

Deine Freunde für die „Gesellschaft" hältst, stellst Du doch wohl die Realität ein bißchen auf den Kopf. Äußert sich in dieser Popper-Sprache nicht doch ein verzerrtes Weltbild, das unseren Auffassungen von der Gesellschaft nicht entspricht? Ergibt sich aus der Distanz, die Du zu den Mädchen und Jungen einnimmst, die mit Dir zur Schule gehen, nicht einfach die Frage, ob nicht Du Dich geistig und weltanschaulich zunehmend aus Deinem Kollektiv entfernst? Ich denke beispielsweise, daß die Gesellschaft in unserem Land alle Menschen sind, vom Staatsratsvorsitzenden bis zum Arbeiter, der Wissenschaftler und der Schüler. Ich rechne auch Dich mit Deiner Kleidung und Frisur dazu. Ein Publikum, welche, die unten stehen und nur zuschauen, wünschen wir uns nicht.

Natürlich gibt es auch solche, die sich mit den Zielen des Sozialismus nicht identifizieren wollen, die negative Details für das Ganze halten, die anderswo nur die Schokoladenseiten sehen, denen ganz persönliches Wohlergehen so wichtig ist, daß sie nicht bereit sind, in größeren Dimensionen zu denken. Sie begeben sich mit dieser Lebenshaltung selbst in die Isolation und haben es als Außenseiter mit Recht überall schwer.

Ich schreibe Dir das nicht, weil ich Dich für einen Außenseiter unserer Gesellschaft halte. Aber interessieren würde mich schon, was Du über den Sozialismus denkst, ob Du in der FDJ bist? Worüber denken Popper nach, was ist der geistige Gehalt Eurer „Gesellschaft"? Interessiert Ihr Euch nur für Euch selbst, für Mode, Disko und Musik, oder gibt es da mehr? Mir geht es nicht darum, daß Du auf alle meine Fragen so antwortest, wie es mancher vielleicht gern hören würde. Was ich von Dir, die verlangt, von anderen akzeptiert und ernst genommen zu werden, erwarte, ist eine ehrlich begründete Position, eine Meinungsäußerung, mit der es sich auch streiten läßt. Also nicht hochgestochenes, überhebliches Gefasel, das Nachgeplapper einer Gruppe, die eben doch mehr vereint als Geschmacksfragen. Wenn Dein Äußeres frei wäre von jeder geistigen Manipulation, Enge und Beeinflussung, könntest Du Dir von mir aus Dein Hinterteil grün pudern, ich müßte keine Vorurteile haben.

Unabhängig voneinander existieren aber Inneres und Äußeres nicht. Diese Erfahrung haben auch Deine Klassenkameraden bereits gemacht. Sie wissen, daß ganz bestimmte Äußerlichkeiten auch Denkrichtungen, politische Ansichten, eine Haltung zu der Gesellschaft, in der man lebt, ausdrücken. Sie haben den Eindruck, daß Popper und Punks, und wie sich alle so nennen, vielfach völlig gedankenlos etwas übernehmen, weil sie es eben einfach toll finden.

Viele erkennen nicht, daß solche Demonstrationen in unserer Gesellschaft gar keine Berechtigung haben. Sie äffen nur nach, werden selbst zu betrogenen Opfern. Jugend in ihrer Stellung zur Gesellschaft zu spalten, ihre Interessen zu manipulieren und der ganzen Sache auch noch einen auffällig modischen Aspekt zu geben, ist nur im Sinne politischer und ökonomischer Interessen eines Systems, das unfähig ist, die elementaren Bedürfnisse aller Menschen zu befriedigen. „Teile und herrsche!" war schon immer ein Prinzip des Kapitalismus. Indem Popper und Punks sich mit den Interessen ihrer „Gesellschaft" beschäftigen und sogar aufeinander losgehen, werden sie über die Situation eines großen Teils der Jugend in ihren Ländern weniger nachdenken. Sie haben zu tun, sich zu schmücken und zu entstellen, brave Bürger aufzuregen und zu erschrecken und sich gegenseitig die Köpfe einzurennen. Das ist bei allem Veränderungswürdigen, das auch wir noch zu beackern haben, eine völlig andere Welt. Wer zum bloßen Sympathisanten wird, ohne sich über den tieferen Gehalt einer Erscheinung ein paar Gedanken zu machen, muß es sich schon gefallen lassen, daß ihm Fragen gestellt werden, seine Schaustellerei bei uns als fixe Idee belächelt wird.

Ich meine darum, Jane, laß in der Klasse gucken, was Deine „Gesellschaft" in unserer Gesellschaft fortbewegt, worüber ihr diskutiert, wie sich das auf eine fundierte Meinungsbildung bei Dir auswirkt. Wenn die anderen merken, daß hinter Deiner Fassade und dem vornehmen Getue wirklich etwas Geistvolles, Anpackbares steckt, dann werden sie Dich mit den kleinen Extravaganzen und ein bißchen Spinnerei auch wieder als Jane annehmen.

Ich bin verknallt

★ Wo hört Freundschaft auf, wann fängt Liebe an? Mit zunehmender Beunruhigung werdet Ihr Euch diese Fragen stellen. Längst habt Ihr die Erfahrung gemacht, daß einem mancher Junge, manches Mädchen besser gefällt als andere. Es besteht plötzlich der dringende Wunsch, nur noch sie zur Freundin, unbedingt ihn zum Freund zu haben. Ihr schaut jetzt öfter in den Spiegel, weil Ihr gefallen oder eben auch auffallen wollt. Das Essen schmeckt nicht, und der Schlaf stellt sich zögernd ein, wenn Ihr an ihn oder sie denkt. Ihr sucht die Nähe der ausgewählten Person, versucht, ihre Aufmerksamkeit zu erregen. Sehr oft bleibt ein Verknalltsein in diesem Stadium stecken, weil es keiner von beiden vermag, die Gefühle richtig zu orten und sich zu ihnen zu bekennen. Eine schöne Schwärmerei also, mit der man heute Bäume entwurzeln könnte und morgen schon wie ein Schluck Wasser durch die Gegend läuft.

Viele Mädchen glauben ihren Typ gefunden zu haben, weil er schwarze Haare hat, groß ist und sportlich aussieht. Jungen bevorzugen gern Mädchen, die schon mit deutlichen weiblichen Attributen ausgestattet sind. Orientieren sich die Sympathien allein an solchen Äußerlichkeiten, ist die Verliebtheit meist von kurzer Dauer. Sehr schnell macht jeder die Erfahrung, daß zur Liebe doch etwas mehr gehört. Aber was? Wie durchlebt man all die Irrungen und Wirrungen vom ersten Zettelschreiben bis zum ersten Kuß? Wie findet man heraus, wer zu einem paßt? Oder ist es vielleicht sogar wichtiger, die Frage andersherum zu stellen: Zu wem passe ich? Wer so fragt, markiert bereits eigene Ansprüche an Freundschaft und Liebe. Aber davor liegen bei jedem die kleinen Freuden und Leiden dicht beieinander. Wie ein jeder da durchkommt, was einem alles so widerfahren kann, was vielleicht zu vermeiden wäre, das wollen wir jetzt gemeinsam besprechen.

Wann beginnt die Liebe?

Eine Mitschülerin aus unserer Klasse vertritt die Meinung, daß man mit 14 erst von einer Zuneigung zu einem Partner sprechen kann. Die Liebe beginnt nach ihrer Meinung später. Wir teilen diese Auffassung nicht mit ihr. Wir glauben, daß die Fähigkeit zu lieben mit der Persönlichkeitsentwicklung des Menschen zusammenhängt. Das heißt, daß dies bei jedem verschieden sein kann.

Heike und Kathrin, 14 Jahre

Liebe Heike, liebe Kathrin!

Da stimme ich Euch bedenkenlos zu. Liebe ist nicht vom Alter abhängig. Und wir sollten den Begriff Liebe vielleicht auch nicht so ausschließlich auf die Partnerschaft zwischen einem Mädchen und einem Jungen beziehen. Liebe, dieses tiefe Gefühl von Geborgenheit, Vertrauen und Wärme, empfindet und empfängt das Kind bereits in seinen ersten Lebenstagen. Die Eltern umsorgen es, sie liebkosen es, sie denken bei allem zuerst an ihr Kind. Manchmal schimpfen sie auch und strafen, weil sie wollen, daß ihr Kind ein ordentlicher Mensch wird, der im Leben zurechtkommt. So erfährt jeder, daß Liebe damit zu tun hat, etwas von sich abzugeben, für den anderen dazusein, nicht unkritisch alles geschehen zu lassen.

Nicht viel anders verhält es sich mit der Liebe zu einem Freund. Wer da glaubt, Liebe wäre nur dieses wahnsinnige Herzklopfen, diese innere Aufregung, dieses Kribbeln im Bauch, wenn man plötzlich den erblickt, den man für seinen Typ hält, der hat nur die halbe Wahrheit entdeckt. Ich würde sagen, hier beginnt Schwärmerei, Ver-

liebtheit, vielleicht auch schon ein kleiner Flirt. Die ersten Annäherungsversuche werden gestartet, man gibt seine Gefühle zu erkennen, es muß herausgefunden werden, ob der andere auf der gleichen Wellenlänge liegt. Und wenn das so ist, braucht die Liebe eine Weile, um wachsen zu können. Bei den ersten Blicken, den ersten Begegnungen, dem ersten Kuß ist sie noch ein ganz zartes Pflänzchen, das leicht umknicken und entwurzeln kann. Manch einer redet dann schon voreilig von Liebe, weil er allein das körperliche Begehren, den Wunsch, dem anderen nahe zu sein, ihn anzufassen, für die Liebe hält.

Viele in Eurem Alter machen die Erfahrung, daß so ein Rausch ganz schnell vorbeigeht, daß von heute auf morgen der Freund uninteressant werden kann oder daß er nach dem ersten Kuß am nächsten Tag so tut, als wäre nichts gewesen. Soll das schon Liebe gewesen sein? Wohl kaum, denn es fehlten die gemeinsamen Interessen, Erlebnisse, die zusammenführen und verbinden, die Gespräche, der Meinungsstreit über alles, was einen bewegt, die Hilfe in einer schwierigen Situation. Nur so ent-

wickelt sich die Zuverlässigkeit, das Vertrauen, die eine richtige Liebe braucht. So gesehen beinhaltet die Liebe viele Elemente der Freundschaft. Sie muß Ansprüche erfüllen, die wir an einen stellen, der in unser Innerstes schauen darf.

Eure Mitschülerin hat nicht unrecht, wenn sie rät, mit der Liebe etwas vorsichtig, etwas sparsam umzugehen und nicht jede Sympathie, jede Begeisterung für einen Jungen — oder im umgekehrten Fall für ein Mädchen — gleich für Liebe zu halten. Zuneigung begegnet uns in sehr vielfältigen Formen. Sie alle weisen uns den Weg zur großen Liebe. Ihr werdet mir aber zustimmen, daß die meisten Mädchen und Jungen in Eurem Alter noch nicht auf so eine gefestigte und bewährte Beziehung zum anderen Geschlecht verweisen können. Viele sind erst dabei, sich auszuprobieren. Sie müssen herausfinden, wer paßt zu mir, zu wem passe ich. Das braucht Zeit und Erfahrung. Schließlich ist jeder in Eurem Alter auch noch stark mit sich selbst beschäftigt und kann folglich nicht soviel von sich abgeben, wie es in einer großen und starken Liebe nötig wäre. Richtig ist trotzdem, wenn Ihr sagt, daß das Vermögen eines Menschen, lieben zu können, nicht von seinem Alter, sondern von seiner Reife, von seiner Persönlichkeitsentwicklung abhängig ist.

Jeden Tag treffen?

Ich bin mit meinem Freund jeden Tag zusammen. Mal besucht er mich, mal ich ihn, manchmal sind wir unterwegs. Meine Eltern sagen, daß wir uns zu oft sehen, das würde auf die Dauer langweilig werden. Nun frage ich mich, wie das Leute miteinander aushalten, die verheiratet sind.

Yvonne, 15 Jahre

Liebe Yvonne!

Sicher ist Dir nicht unbekannt, daß es einer Reihe von Leuten, die verheiratet sind, durchaus schwerfällt, sich in der Ehe nicht zu langweilen. Miteinander zu leben, vieles gemeinsam zu tun, Tag und Nacht auf engem Raum zusammen zu sein, das verlangt eine feine Balance von Abstand und Nähe. Manche bekommen zu einer Seite Übergewicht, haben sich plötzlich nichts mehr zu erzählen, können nichts mehr gemeinsam entdecken oder fallen sich auf den Wecker, weil einer ohne den anderen keinen Schritt mehr gehen kann. Gute und dauerhafte Partnerschaft braucht darum die Zweisamkeit genauso wie das Besinnen auf sich selbst, sie muß Raum lassen, damit jeder auch Eigenes entwickeln kann.

So etwas richtig auszusteuern, will geübt sein. Darum ist der Einwand Deiner Eltern, daß ihr zu oft zusammen seid, sie meinen, daß Ihr Euch gegenseitig etwas bedrängt und behindert, bestimmt ein gutgemeinter Ratschlag. Du solltest ihn nicht so werten, als wollten sie Eure Freundschaft zerstören, als wären sie vielleicht eifersüchtig auf die viele Zeit, die Du Deinem Freund widmest. Wenn Du Dich jeden Tag mit ihm triffst, frage ich mich auch, ob Du keine Freundin hast, ob Du kein spezielles Interesse in der Freizeit pflegst, ob Du es Dir neben häuslichen und schulischen Pflichten wirklich leisten kannst, täglich mit ihm zusammen zu sein.

Diese totale Orientierung auf die Partnerschaft bereichert sie nicht gerade, denn Ihr habt beide kaum noch Zeit, anderswo etwas aufzunehmen, eigene Erlebnisse umzusetzen. Ein Ausgleich wäre natürlich ein gemeinsames Hobby, das Aktivität erfordert und den Anschluß an Freunde sichert. Meist aber sitzen die jungen Pärchen bei ihm oder ihr herum und hören Musik. Das kann schon Spaß machen, aber eben nicht immer. Bedenkt beide auch, daß es in einer Partnerschaft notwendige Trennungen geben wird. Die erste tritt meist mit Schulabschluß und bei Aufnahme einer Lehre ein. Wie geübt seid Ihr, daß dann auch jeder für sich besteht?

Aus der Sicht der Eltern ist meines Erachtens die Frage erlaubt, ob es nicht ganz schön wäre, ab und zu mit Tochter oder Sohn auch wieder mal einen Tag ohne Anhang zu erleben. Und dann, finde ich, lernt man ja die kleinen Sehnsüchte, dieses erwartungsvolle Kribbeln gar nicht mehr kennen, wenn man sich mit 15 bereits mit solcher Regelmäßigkeit trifft, daß man die Uhr danach stellen könnte. Vielleicht, Yvonne, wäre weniger doch ein Gewinn für Euch beide.

Auf den besseren Weg helfen?

Ich habe einen sechzehnjährigen Freund, der sich seit einigen Monaten im Jugendwerkhof befindet. Wir schreiben uns sehr oft. Er schrieb mir, daß er mich nicht verlieren möchte. Er bat mich, ihm zu helfen, ein neues Leben zu beginnen, und versprach, sich zu bessern. Meine Mutter sagt jedoch, daß er wieder dort landen wird, wo er sich jetzt aufhält. Das kann ich nicht glauben. Man kann doch jemanden nicht einfach so aufgeben. Was soll ich tun, damit er einen neuen Anfang findet?

Daniela, 15 Jahre

Liebe Daniela!

Ausgehend von der marxistischen Erkenntnis, daß das Sein das Bewußtsein bestimmt, ist jeder Versuch gerechtfertigt, einem Menschen zu helfen, der Schwierigkeiten mit einem normgerechten Verhalten in unserer Gesellschaft hat. Niemand wird als Übeltäter geboren, und die sozialistischen Verhältnisse und auch die Stellung des Menschen zu den Produktionsmitteln sowie die geltenden Rechts- und Moralauffassungen bieten an sich keine Voraussetzung für eine Fehlentwicklung.

Trotzdem passiert es, daß elterliche Erziehung und normale Einflußnahme der Gesellschaft für die Persönlichkeitsentwicklung nicht ausreichen und besonders strenge Erziehungsmaßnahmen bis hin zu gerichtlichen Strafen notwendig sind. Diese Erscheinung hängt mit der Tatsache zusammen, daß jeder Mensch immer das Produkt ganz konkreter gesellschaftlicher Umstände und Erziehungsmethoden ist. Das heißt nicht, daß er passiv geformt wird. Jeder Mensch besitzt Lebensaktivität, die seine Persönlichkeitsentwicklung bestimmt, und ihm wohnt Verantwortlichkeit für sein Handeln inne. Das Sein wirkt also nicht im Alleingang und ganz automatisch auf die Bewußtseinsentwicklung.

Es scheint mir darum notwendig, sehr genau zu bestimmen, wo die Ursachen bei Deinem Freund dafür liegen, daß er in den Jugendwerkhof eingewiesen werden mußte. Wenn Ihr Euch schon länger kennt, kann es Dir doch nicht verborgen geblieben sein, ob er zum Beispiel die Ausbildung geschwänzt, sich herumgetrieben und die elterlichen Anweisungen unterwandert hat, um ein paar typische Symptome für Fehlverhalten zu nennen. Ebensolche Bedeutung haben das Freizeitverhalten, die geringe Ausbildung von Interessen, niedrige Ansprüche an das eigene Bildungsniveau. Das sind meines Erachtens Bereiche, auf die Du als Freundin großen Einfluß nehmen kannst.

Es geht nämlich nicht darum, ihn nach der Entlassung nur auf Dich zu orientieren und Dich damit zu begnügen, daß er wegen Eurer Freundschaft ein anderer Mensch werden will. Diese starke Motivation, einem anderen zuliebe etwas zu tun, ist für die Willensformung nicht zu unterschätzen, aber sie reicht nicht für immer.

Was passiert, wenn Ihr Euch eines Tages nicht mehr so gut versteht?

Es kommt darauf an, ihn in den Briefen davon zu überzeugen, daß er sich vor allem um seiner selbst willen ändert. Du mußt ihm begreiflich machen, daß man ein neues Leben nur dann anfangen kann, wenn man vor dem bisherigen nicht einfach die Augen verschließt.

Es wäre sehr wichtig für Deinen Freund, wenn er durch Dich junge Leute kennenlernt, die gefestigte Anschauungen haben und sich aktiv am gesellschaftlichen Leben, vor allem in unserem Jugendverband, beteiligen. Das können ein FDJ-Jugendklub, eine Sport- oder andere Interessengemeinschaft sein, in denen Ihr gemeinsam mitmacht. Er muß unbedingt vor Passivität bewahrt werden und

sollte durch Leistung in der Gruppe Anerkennung finden. Deine ganz spezielle Einflußnahme müßte sich auf ein paar charakterliche Schwachpunkte richten. Du brauchst also ein kritisches Urteilsvermögen. Achte bei ihm auf Labilität und schnelle Verführbarkeit, auf aggressive Reaktionen und Leichtfertigkeit. Das sind oft Grundlagen dafür, in irgend etwas hineinzuschlittern. Wenn er Dich jetzt um Deine Hilfe bittet, muß ihm klar sein, daß Du sein schärfster Beobachter bist und nichts durchgehen läßt. Damit verbindet sich für Dich die Verpflichtung, ihn vor Vorwürfen und Vorurteilen anderer zu schützen, ohne in jedem Fall die Vergangenheit zu verschweigen. Er muß es sehr schnell lernen, auch solche Menschen zu akzeptieren, die Zweifel an seiner weiteren Entwicklung haben und auf viele Beispiele von Rückfälligkeit verweisen.

Ich würde ihn darum auch die Haltung Deiner Mutter wissen lassen. Sie könnte ihm Ansporn sein, sich selbst und ihr etwas zu beweisen. Obwohl Deine Mutter nicht mehr fest an ihn glaubt, solltest Du Deine Absichten, den Jungen betreffend, mit ihr besprechen. Sie lehnt diese Beziehung nicht grundsätzlich ab, was ihr hoch anzurechnen ist. Darum nutze ihre Erfahrungen für eine möglichst objektive Beurteilung Deines Freundes und den Fortgang Eurer Beziehungen. Es ist nämlich sehr schwer, mit 15 aus einem anderen einen neuen Menschen zu machen, wo man noch soviel mit sich selbst zu tun hat. Das schafft man nur mit Verbündeten.

Freundschaft als Aufgabe?

Ich habe ein Mädchen, das 14 ist, in der Schule kennengelernt, mit dem ich mich gut verstehe. Wir sind kein Pärchen, sondern wirklich gute Freunde! Kürzlich erfuhr ich jedoch von ihrer Schwester, die in meine Klasse geht, daß sie zu Hause schon öfter Geld gestohlen hat. Das schockierte mich sehr. Ich sprach darüber mit ihr, aber sie konnte es mir überhaupt nicht erklären. Sie versprach, es nicht wieder zu tun. Nun sagten mir ihre Eltern, daß schon wieder etwas vorgekommen ist. Ich will mich von ihr trennen, denn mit einem unehrlichen Mädchen kann man doch keine Freundschaft halten.

Thomas, 15 Jahre

Lieber Thomas!

So ganz wohl ist Dir bei Deiner konsequenten Entscheidung nicht, denn der Widerspruch zwischen ihren Eigenschaften, die Dir so gut gefallen, und dem Entwenden von Geld beschäftigt Dich sehr. Ich glaube, daß Eure Freundschaft noch nicht tief und fest genug war, um erwarten zu können, daß allein ihre Beziehung zu Dir schon eine Verhaltensänderung bewirken kann. Für sie wird Dein Schlußstrich nicht, wie Du annimmst, eine Lehre, ein Anstoß zum Besinnen sein. Im Gegenteil, sie wird sich unverstanden fühlen und jede neue Zielsetzung sinnlos finden.

Ich schätze es sehr, wenn man in Deinem Alter feste Vorstellungen von einer Freundschaft hat, Anforderungen an die Partnerin stellt und nicht alles hinnimmt, was der andere treibt, nur um ihn zu halten. Die Qualität einer Freundschaft wird von den Anschauungen, den Charaktereigenschaften und den Interessen beider Partner bestimmt. Ihr Wert besteht darin, sich gegenseitig zu ergänzen, aufeinander Einfluß zu nehmen, positive Züge zu fördern und negative zu unterdrücken. Aber nicht in jedem Fall ist eine solche gegenseitige Vorbildwirkung zu erreichen. Eine Freundschaft kann darum auch eine Aufgabe sein. Jemandem zu helfen, an gute Leistungen Anschluß zu bekommen, die richtigen Schlußfolgerungen aus Strafen zu ziehen, eine böse Angewohnheit zu überwinden oder Fehlverhalten zu vermeiden — das kann durchaus auch den Inhalt einer Beziehung bestimmen. Der Erfolg, es mit viel Geduld und Konsequenz, nach Höhen und Tiefen gemeinsam doch geschafft zu haben, entlohnt dann auch denjenigen, der zeitweise mehr geben mußte, als er nehmen konnte.

Es scheint mir wichtig, an dieser Stelle doch ein wenig zwischen Freundschaft und Liebe zu differenzieren. Der wesentliche Unterschied besteht darin, daß die Liebe die Geschlechtlichkeit des Partners einbezieht. Damit wird eine ganz andere Dimension eröffnet. Enttäuschungen und Rückschläge, die die Freundschaft noch verkraftet, bekommen in der jungen Liebe stets einen persönlichen Bezug und werden nur schwer verarbeitet. Die starke gefühlsmäßige Bindung an den Partner schränkt manchmal die Kritikbereitschaft ein und stimuliert mehr das Nachgeben als das Fordern. Man verläßt sich zu sehr auf die Gefühle und glaubt, allein damit Veränderungen beim Part-

ner zu erreichen. Vorübergehende Besserung wird zu schnell als Erfolg gebucht, Versprechungen werden gleich für bare Münze genommen. Man braucht also schon eine sehr starke Persönlichkeit, um einen, den man liebt, zu bessern und nicht allzu versöhnlerisch zu werden. In einer Freundschaft kann man, so glaube ich, seine Autorität ohne Rücksichten auf Stimmungen einsetzen. Liebe macht bekanntlich ganz empfindsam, aber eben auch empfindlich. Von einem guten Freund verträgt man eher ein hartes Wort als vom Liebsten.

Obwohl Deine Eltern verständlicherweise von Deinem Kontakt zu dem Mädchen nicht begeistert sind, solltest Du doch darauf bauen, daß Deine gefestigten moralischen Wertvorstellungen nicht zu erschüttern sind und das Gute eher abfärbt als das Schlechte. Es läßt sich hier nicht rekonstruieren, warum das Mädchen zu solchen Handlungen gekommen ist, aber es ist mit Sicherheit anzunehmen, daß Motive dafür in seiner Stellung innerhalb der Familie zu suchen sind. Vielleicht war es zu oft dem Vergleich mit der immer besser abschneidenden Schwester ausgesetzt und konnte ihm nicht standhalten. Strafen,

die sich stets auf die Höhe des Taschengeldes auswirken, können auch in eine solche Richtung führen. Eine ungenügende Kontrolle und Hilfestellung beim Erreichen selbstgestellter Ziele — also Mißerfolgsketten auf vielen Ebenen — erzeugen mitunter eine solche Unverbindlichkeit gegenüber eigenen Vorsätzen. Eine ungenügende Erziehung zum Wert der Arbeit, mangelhaftes Erleben von Sparsamkeit im familiären Haushalt können zu der Einstellung verleiten, daß es den Eltern auf ein paar Mark ja nicht ankomme.

Eine Freundschaft könnte dem Mädchen also wirklich helfen, wieder richtige Wertmaßstäbe zu finden, indem sie Deine ganz unaufdringlich kennenlernt. Deine ehrlichen Bemühungen um sie würden sie auch wieder empfindsamer gegenüber den Menschen machen, denen sie mit ihrem Fehlverhalten viel Kummer bereitet. Es ist nicht anzustreben, daß sie sich nur für Dich und Eure Beziehung ändert. Darum ist es auch nicht gut, sofort mit ihr über die Vorfälle zu reden. Eure Freundschaft müßte ihr Denken und Fühlen beeinflussen, damit sie anspruchsvoller sich selbst gegenüber wird. Vermagst Du es, ihren Ehrgeiz und ihren Stolz zu wecken, dann werden sich gewiß auch diese kleinen Diebeshandlungen als ein Produkt ihrer bisherigen Oberflächlichkeit geben.

Unglücklich verliebt

Fünf Tage nachdem ich ein Mädchen kennengelernt hatte, erfuhr ich von ihrer Schwester, daß sie schon einen Freund hat. Als ich sie fragte, redete sie drum herum. Nach einem Monat versprach sie mir, von der Kur einen Brief zu schreiben. Sie tat es aber nicht. Vor drei Monaten schrieb ich ihr, daß ich nur noch an sie denke und daß sie es sich vielleicht doch noch einmal überlegen soll. Ich weiß auch nicht, warum ich das tat. So geht es nun schon ein Jahr. Wie kann ich sie vergessen?

Bernd, 14 Jahre

Lieber Bernd!

Du hast die schmerzliche Erfahrung gemacht, daß die Gefühle, die Du für ein Mädchen hast, nicht erwidert werden. Das kann viele Ursachen haben. Man gefällt dem anderen zum Beispiel nicht, oder er ist an einer engeren Bindung überhaupt noch nicht interessiert. In Deinem Falle war die Sache recht eindeutig. Das Mädchen hatte bereits einen Freund. Selbst wenn das nur eine Ausrede gewesen sein sollte, war damit klar, daß sie nichts von Dir wissen will. Es kann durchaus imponieren, wenn ein Junge trotzdem nicht gleich aufgibt. Manche Mädchen sind erst durch Beharrlichkeit zu gewinnen. Sie lehnen aus Angst vor Enttäuschung ab oder weil sie sich eine solche Freundschaft noch nicht zutrauen. Du hast Dein Möglichstes getan, warst ganz ehrlich, hast alle Deine Gefühle offenbart. Das finde ich sehr mutig, weil sehr viele Jungen glauben, sie würden sich etwas vergeben, wenn sie so direkt und gefühlsbetont um ein Mädchen werben. Ich glaube, die Mädchen mögen so etwas mehr als diese bolzige Tour von Anhauen.

Du solltest darum trotz der jetzt gemachten schlechten Erfahrung es beim nächsten Mal nicht anders versuchen. Aber Gefühle, lieber Bernd, lassen sich nicht erzwingen. Es wäre falscher Ehrgeiz, sich noch weiter um dieses Mädchen zu bemühen. Es darf nicht darum gehen, Dir selbst etwas zu beweisen. Sie hat, um Dich loszuwerden, Versprechungen gemacht, die sie nicht einhielt. Das zeugt von nicht sehr viel Charakterstärke, und Du solltest Dir sagen, daß sie für eine aufrichtige Freundschaft wahrscheinlich noch gar nicht die richtige Einstellung hat. Über solchen Liebeskummer kommt man am besten hinweg, indem man ihm keine weitere Nahrung anbietet. Gehe ihr aus dem Weg, schreibe auch keine Briefe mehr. Schau Dich um, ob nicht ein andres Mädchen, das Du wegen Deiner Scheuklappen nur noch nicht entdeckt hast, viel besser zu Dir passen würde.

Einen Jungen angeln?

Viele meiner Freundinnen haben einen Freund. Ich aber nicht. Wenn ich einen Jungen sehe, der mir gefällt, benehme ich mich unmöglich. Kein Wunder, wenn der keinen Schimmer von mir wissen will. Es ist aber auch so, daß ich mir blöd vorkomme, wenn ein Junge irgendwie versucht, auf mich einzugehen. Irgend etwas muß doch bei mir nicht stimmen?

Simone, 13 Jahre

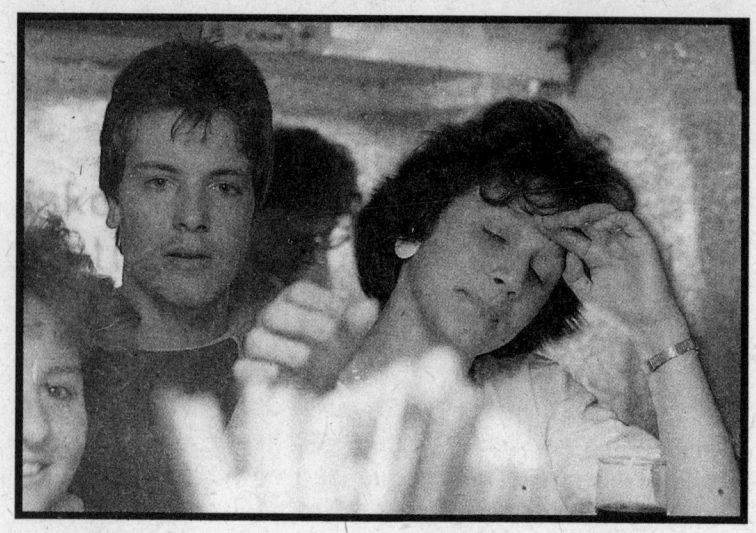

Liebe Simone!

Du merkst doch selbst, daß da irgend etwas noch nicht richtig im Lot ist. Überlege einmal genau, warum Du unbedingt einen Freund haben willst. Brauchst Du ihn wirklich, oder reichen Dir nicht noch die Freundinnen, um Probleme zu besprechen, herumzualbern, die Freizeit zu verbringen? Ich habe nämlich den Eindruck, daß ein Freund für Dich nur darum wichtig wurde, weil andere einen haben. Der Junge soll sozusagen ein Aushängeschild für Erwachsensein werden. Aus dem gleichen Grunde fangen andere an zu rauchen. Sie wollen einfach nur etwas vorzeigen und Gleichaltrigen imponieren. Das hast Du nicht nötig. So richtig weißt Du nämlich mit einem Freund noch nichts anzufangen. Darum benimmst Du Dich in Gegenwart von Jungen so albern. Du forderst ihr Interesse heraus, und dann ist es Dir peinlich, weil Du keinerlei Vorstellungen davon hast, wie es nun weitergehen könnte. Es fehlt Dir an dem nötigen Selbstvertrauen, eine solche Freundschaft zu führen. Bestimmt bist Du Dir noch ganz unsicher, wer Dir wirklich gefallen könnte.

Dieser Zustand sollte Dich überhaupt nicht beunruhigen, und Du solltest nicht versuchen, irgend etwas nachzuahmen, was einige Freundinnen tun. Oft ist vieles von dem, was sie über ihre Freunde erzählen, nur Angeberei und Wichtigtuerei. Guckt man genau hin, läuft da auch nichts, ist mehr der Wunsch der Vater des Gedankens. Menschen, die nur nachahmen, die sich ständig zu etwas anstiften lassen, verlieren sehr bald an Ansehen in ihrem Kollektiv. Deine verkrampften Bemühungen um einen Freund können auf andere lächerlich wirken. Das wäre ein Thema, um über Dich zu klatschen. Du solltest Dir mit der Auswahl eines Freundes noch etwas Zeit lassen. Sei erst einmal allen ein guter Kumpel, werde im Umgang mit Jungen sicherer und teste ohne besondere Absichten Deine Wirkung auf sie. Eine feste Beziehung zu einem von ihnen ergibt sich dann eines Tages von ganz allein.

Der Freundin einen Freund besorgen?

Mein Problem betrifft weniger mich. Es geht um meine Freundin, mit der ich groß geworden bin. Wir haben uns nie gestritten. Nur Meinungsverschiedenheiten gab es ab und zu. Wir haben uns immer gesagt, was uns am anderen nicht paßt. Wenn man nun in unserem Alter ist, möchte jeder gern einen Freund haben. Gehen wir durch die Stadt, drehen sich die Jungen nur nach mir um. Sie fragt mich nun, woran das liegt. Ich wußte so schnell keine Antwort darauf. Später habe ich überlegt, daß es am Aussehen und an der Figur liegt. Ich sagte es ihr aber nicht, da sie sonst gewiß noch trauriger werden würde. Ich habe sie auch schon gefragt, ob sie ein paar Sachen von mir tragen möchte, aber sie hat es abgelehnt. Wie kann ich ihr helfen? Soll ich sie mit jemandem verkuppeln? Was soll ich antworten, wenn sie wieder fragt, wieso sie keinen Freund bekommt?

Beatrix, 14 $^1/_2$ Jahre

Liebe Beatrix!

Du mußt Deiner Freundin helfen, sich nicht auf Dich, sondern auf sich zu konzentrieren. Es nützt ihr nichts, wenn sie sich ständig mit Dir vergleicht, Dein Ebenbild wird, um Chancen bei den Jungen zu haben. So kommt weder das Angebot, Deine Sachen zu tragen, noch das, ihr einen Freund zu besorgen, in Betracht. Prüfe für Dich sehr sorgfältig, ob Du sie nicht unbewußt beim Gang durch die Stadt immer ein bißchen in Deinen Schatten stellst. Neben einer nicht so attraktiven Freundin fallen die eigenen Vorzüge noch mehr auf. Bist Du mit ihr zusammen, könnte vielleicht etwas mehr Zurückhaltung, mehr Schlichtheit bei Dir schon mehr Gleichgewicht zwischen Euch herstellen.

Das wichtigste ist und bleibt aber Deine Offenheit und Ehrlichkeit. Wenn Du behauptest, daß Ihr Euch immer alles gesagt habt, dann frage ich mich, warum das jetzt nicht mehr so ist. Da gibt es zwischen guten und langjährigen Freundinnen auch später keine Tabus. Im Gegenteil, wenn sich Lebenshaltungen für immer prägen, Geschmacksfragen sichtbar werden, Äußerlichkeiten mehr bewertet werden, jeder seinen eigenen Typ finden muß, ist es so notwendig, sich gegenseitig die Meinung zu sagen, falsche Einstellungen und Fehlorientierungen zu korrigieren. Wer könnte das besser als eine vertraute Freundin? Ich finde es darum nicht gut, daß Du ihr aus einem

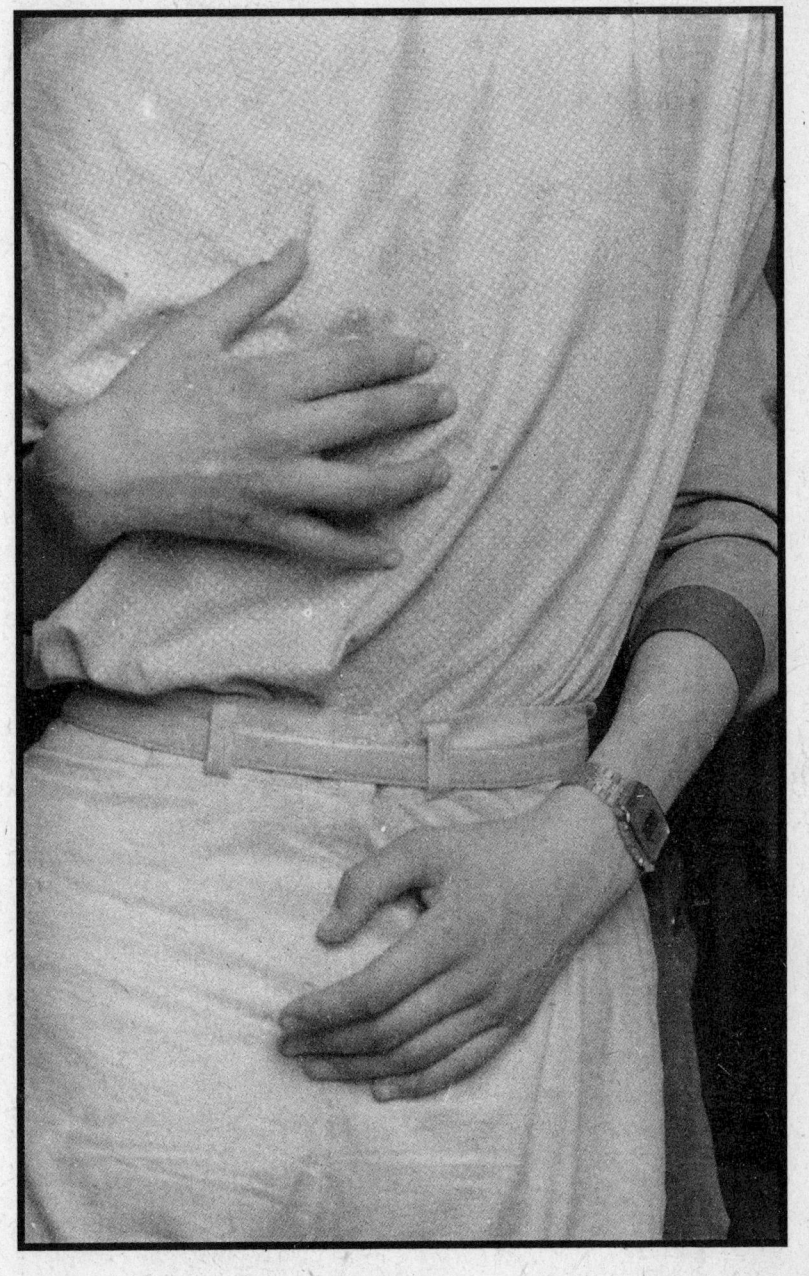

falschen Taktgefühl heraus nicht erklärst, was sie an ihrem Äußeren verändern müßte. Sie darf nicht fragen, warum die Jungen dauernd nur nach Dir schauen, sie muß wissen, was an ihr anziehend ist. Sie könnte sonst eines Tages annehmen, Du hast Deine Beobachtungen und Eindrücke über ihre Wirkung auf Jungen bewußt verschwiegen, um selbst stets besser abschneiden zu können.

Nehmt Euch für solche Gespräche und die notwendigen Veränderungen Zeit und habt den Mut, etwas zu probieren. Das sollte erst einmal unabhängig vom Werturteil der Jungen geschehen, denn Deine Freundin muß sich an ihr eigenständiges, selbstbewußtes Auftreten gewöhnen. Erst wenn sie ein eigenes Profil hat, wird es ihr gelingen, den Jungen für sich zu interessieren, der ihr gefällt. Sie wird dann Chancen auch nicht mehr ausschließlich daran messen, wie viele sich nach einem Mädchen umdrehen. Das sollte übrigens auf die Dauer auch Dir nicht genügen.

Wenn der Freund schon 18 ist

Ich habe auf einer Disko einen sehr netten Jungen kennengelernt. Er ist bereits 18 Jahre, aber wir verstehen uns gut. Allerdings weiß er nicht, wie alt ich bin. Meistens werde ich älter geschätzt. Ich wollte ihm mein Alter nicht sagen, weil ich Angst hatte, er würde mich dann sitzenlassen. Er hat schon einmal mit einem Mädchen geschlafen und will das sicher auch mit mir. Wie kann ich ihm die Wahrheit sagen, denn mir macht dieser Altersunterschied nichts aus. Oder ist es dafür jetzt schon zu spät? Könnte er sich veralbert fühlen?

Grit, 14 Jahre

Liebe Grit!

Du bemogelst Dich selbst, denn der Altersunterschied macht Dir schon etwas aus. Du siehst eben nur wie 16 aus, bist aber in Deinem Verhalten, in Deinem Urteils- und Entscheidungsvermögen noch lange nicht soweit. Warum willst Du unbedingt Deiner Zeit vorauseilen, Dir vielleicht sogar etwas vorwegnehmen, was Dir später leid tut?

Dir bereitet es im Moment Kopfzerbrechen, daß der junge Mann Ansprüche an Dich stellen wird, mit denen eine Vierzehnjährige überfordert ist. Du befürchtest, er könnte so vernünftig sein, einem Mädchen von 14 solche Anforderungen nicht zumuten zu wollen. Oder Du denkst, er könnte eines Tages selbst merken, daß Du noch nicht erfahren und lebensklug genug bist, um ihm eine Partnerin zu sein. Da kommst Du der Wahrheit ziemlich nahe, denn 4 Jahre sind zwar nicht viel, aber zwischen 14 und 18 sind sie doch recht bedeutend. Du gehst noch zur Schule, hast eine Berufsausbildung vor Dir. Das alles hat Dein Diskofreund bereits hinter sich. Du mußt Dich nach den Anweisungen Deiner Eltern richten und kannst auch vom Gesetz her als Jugendliche nicht tun und lassen, was Du willst. Der junge Mann ist volljährig und muß eigene Entscheidungen treffen. Er braucht niemanden mehr zu fragen, wie oft und wie lange er ausgehen kann. Wird das alles bedacht, machen diese 4 Jahre jetzt einen ganz schönen Abstand deutlich.

Nun halte ich es grundsätzlich nicht für ausgeschlossen, daß ein vierzehnjähriges Mädchen einen achtzehnjährigen Freund hat. Ob eine solche Beziehung gut geht, hängt sehr davon ab, wie verantwortungsbewußt beide sind. Bei dem Achtzehnjährigen würde das sehr viel Verständnis und Rücksichtnahme für die Aufgaben der Freundin bedeuten. Das schließt manchen Verzicht ein. Für die Vierzehnjährige hieße das, sich ihres Alters sehr bewußt zu sein und nur Entscheidungen zu treffen, die sie bereits verantworten kann, die mit ihrer weiteren persönlichen Entwicklung in Einklang zu bringen sind. Das ist für beide Seiten sehr schwer.

Wenn ein Mädchen wie Du nicht den Mut hat, sich zu ihrem Alter zu bekennen, dann ist sehr zu befürchten, daß sie willfährig auf den Freund eingeht, nur um ihn zu halten. Wenn Du jetzt schon nach so kurzer Bekanntschaft damit rechnest, daß er mit Dir schlafen will, bleibt zu fragen, ob er überhaupt viel mehr mit Dir im Sinn hätte.

Sehr viele Mädchen, die schon sehr zeitig körperlich entwickelt sind, müssen mit dem Umstand rechnen, altersmäßig überschätzt zu werden. Manche helfen da auch mit überzogenem Benehmen und viel Tusche etwas nach. Egal, ob nun gewollt oder ungewollt, solche Äußerlichkeiten täuschen nur sehr kurzfristig über das wahre Alter hinweg. Darum, meine ich, solltest Du Deinem Freund, wenn er wieder Vorstellungen von Eurer Partnerschaft entwickelt, die Du nicht teilen kannst, ganz direkt sagen, wie alt Du bist. Sein Verhalten zu dieser Mitteilung läßt schon erahnen, wie er wirklich zu Dir steht. Wenn er Dich bisher rundum als Sechzehnjährige empfand und Dich gern hat, kann das ja allein durch die Information über Dein tatsächliches Alter nicht alles ganz anders werden.

Wie wird Schluß gemacht?

Ich habe einen Freund, der etwas älter ist als ich. Ich möchte mit ihm Schluß machen, aber ich weiß nicht, wie ich es ihm sagen soll. Ich möchte ihn nicht kränken. Obwohl wir beide uns sehr lieben, streiten wir uns öfter. Wenn ich dann mit ihm darüber sprechen will, sagt er bloß immer, wir wollen es vergessen und nicht mehr darüber reden. Ich finde, so schafft man seine Probleme auch nicht aus der Welt. Oder? Er ist nicht der richtige Junge für mich, und ich will alles beenden, was zwischen uns gewesen ist. Es wird mich zwar sehr viel Überwindung kosten, aber es muß sein. Aber wie soll ich es ihm sagen? Oder soll ich es ihm schriftlich mitteilen? Was sollte ich ihm da schreiben?

Bettina, 14 Jahre

Liebe Bettina!

Anständig Schluß machen gehört auch zur Liebe. Darum gefällt mir, daß Du Dich nicht einfach still und heimlich aus der Affäre ziehen willst. Es ist nicht schlecht, daß Du Dich mit Deinem Entschluß etwas herumquälst. Du gewinnst dabei die Erkenntnis, was Ihr beide falsch gemacht habt, wo und warum es unüberbrückbare Widersprüche gibt. Das genau zu wissen, diese Erfahrung aus einer zerbrochenen Freundschaft mitzunehmen ist von großem

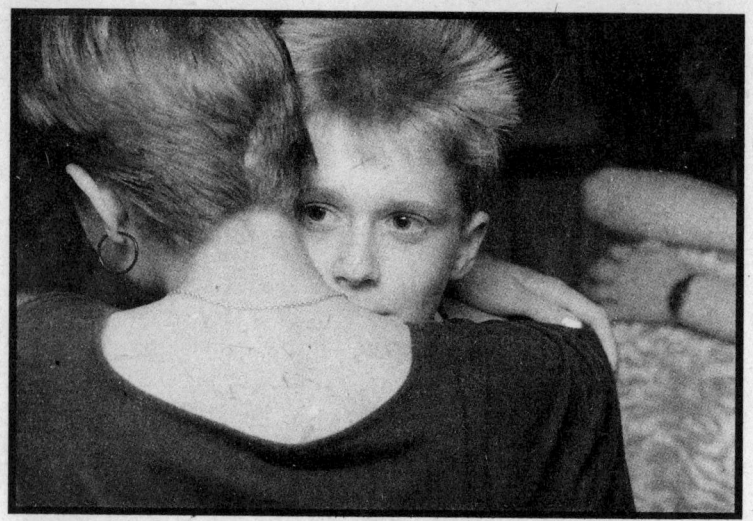

Wert für eine spätere erneute Partnerwahl. Das gilt für Dich genauso wie für Deinen Freund.

Ich habe den Eindruck, daß Ihr an sehr unterschiedlichen Vorstellungen über die Führung einer Partnerschaft in so jungen Jahren gescheitert seid. Während er ausgesprochen anhänglich ist, sind für Dich Freiräume notwendig. Du fühltest Dich zunehmend bedrängt. Jede Meinungsverschiedenheit kehrte er in der Absicht, nichts zu zerstören, unter den Teppich. Er hat nicht erkannt, daß er Dir damit die Luft zum Atmen nimmt und auch uninteressant für Dich wird. Dieses Bedürfnis nach persönlicher Freiheit jedes einzelnen wird oft unterschätzt, und jeder muß es auch erst lernen, das Gleichgewicht zwischen persönlichen und gemeinsamen Interessen herzustellen. Es ist also sehr normal, daß Beziehungen in Deinem Alter auseinandergehen.

Vielfach können die plötzliche Abneigung, das Desinteresse gar nicht so gut erklärt werden. Ich meine, Du solltest Deinem Freund unmißverständlich sagen, daß Du nicht mehr mit ihm befreundet sein möchtest. Es müßte ihn viel mehr kränken, hingehalten und belogen zu wer-

den. Sage ihm das, was Du über Euch denkst und wie Du jetzt empfindest. Versuche das an Diskussionen und Erlebnissen, die Ihr beide hattet, nachzuweisen. Zeige Dich unnachgiebig gegenüber dem Vorschlag, daß Ihr doch gemeinsam alles besser machen könntet. Achte seine Gefühle für Dich, aber sei trotzdem konsequent. Gehe auch keine Kompromisse ein, daß Ihr ja weiterhin als gute Freunde miteinander verkehren könntet. Das bringt beiden Seiten nichts, was nicht heißt, daß man sich nicht mehr kennen sollte, wenn man sich trifft. Vorläufig aber sollten nach diesem Gespräch alle Begegnungen vermieden werden.

Fummeln unter der Bettdecke

In den großen Ferien fuhr unsere Klasse in eine Jugendherberge. Abends durften wir Mädchen noch für eine Stunde zu den Jungen rübergehen. Einige Freundschaften hatten sich schon gebildet. Eines Abends gingen wir wieder rüber. Es war dunkel, und alle Jungen lagen bereits im Bett. Einige Mädchen setzten sich zu den Jungs aufs Bett, andere saßen auf dem Tisch. Ich wollte mich auch dort hinsetzen, aber da zog mich mein Schulkamerad in sein Bett. Das war immer ein dufter Kumpel für mich gewesen, und ich dachte mir dabei auch nichts. Wir Mädchen hatten nur Nachthemden an, und mir wurde unter der Decke auch ein bißchen komisch. Ich lag da, ohne mich zu rühren. Da fing der Junge an, mich überall zu streicheln. Als ich merkte, wie heftig er atmete, stand ich auf. Mir ist das alles sehr peinlich. Er tut so, als sei nichts gewesen.

Susanne, 14 Jahre

Liebe Susanne!

Wir sind uns sicher einig, daß diese abendlichen Annäherungsversuche nichts mit Liebe zu tun haben. Da hatte Euch allesamt die Neugier gepackt. Die Mädchen waren gespannt, wie die Jungen auf den Nachthemdenbesuch reagieren. Gebt zu, daß Ihr ein bißchen angeben und reizen wolltet. Diese Gelegenheit haben dann einige Jungen wahrgenommen, und nun wunderst Du Dich. Es gibt also absolut keinen Grund, sich über die Jungen der Klasse aufzuregen. Und es muß auch kein Drama aus dem Vorfall gemacht werden. Aber einsehen sollte jeder für sich, daß man nicht auf Liebe für einen Abend machen kann.

Klassenfahrten haben es so an sich, eine ganz andere Vertraulichkeit herzustellen, als sie sonst im Schulalltag üblich ist. Das ist gerade das Schöne daran. Alle kommen sich näher, lernen sich von einer anderen Seite kennen. Manchmal entstehen hier auch engere Freundschaften zwischen Mädchen und Jungen. Meist hatten sie schon vorher ein Auge aufeinander geworfen. Die Klassenfahrt schafft endlich die Atmosphäre, wo er und sie es sich

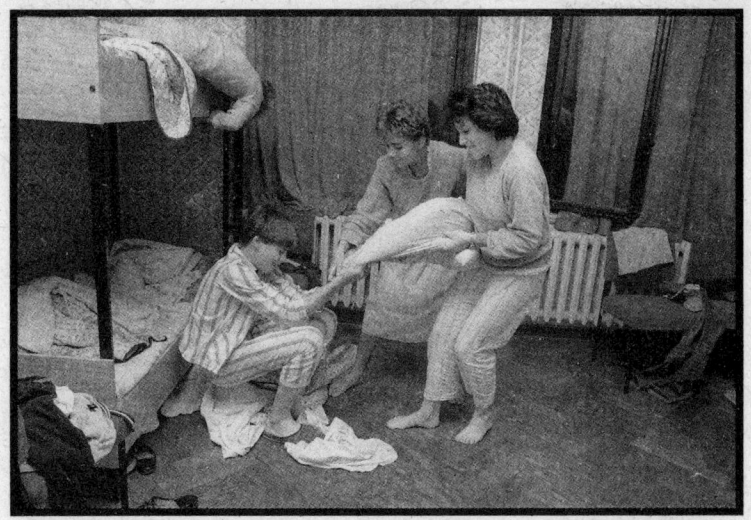

trauen, mit dem Versteckspielen aufzuhören. Wenn sich aber plötzlich eine ganze Klasse in Pärchen aufteilt, dann stimmt etwas nicht. Es ist schon notwendig, Neckereien und Streiche von körperlichen Annäherungsversuchen zu unterscheiden. Fummeleien unter der Bettdecke und Zur-Schau-Stellen körperlicher Reize gehören nicht in eine Gruppenveranstaltung. Mit solchen „Überfällen" kann ein schönes Erlebnis sogar zunichte gemacht werden, weil allen am nächsten Tag etwas peinlich ist, man sich nicht mehr ansehen kann und auch die Achtung voreinander verliert. Intimitäten zwischen Mädchen und Jungen sind denen vorbehalten, die sich auch wirklich gern haben. Dieses schöne Gefühl ist es wert, es ganz allein zu zweit zu genießen und nicht noch andere zugucken zu lassen.

Der Junge, der Dich zu sich ins Bett zog, war weder vorher besonders interessiert an Dir, noch will er jetzt eine Freundschaft aufbauen. Er löst die Peinlichkeit auf seine Weise, indem er so tut, als sei nichts gewesen. So ist es am besten, denn im Prinzip war ja auch nichts gewesen – bis auf die kleine Erfahrung, daß eine 8. Klasse keine Kindergartengruppe mehr ist. Gespielte Naivität kann im Umgang körperlich reifer Mädchen und Jungen miteinander auch mal ins Auge gehen.

In der Schule dumm tun?

Ich bin seit einigen Wochen mit einem Jungen aus meiner Klasse enger befreundet. Ich weiß nicht, ob er unsere Freundschaft ernst nimmt. Auf der Disko küßten wir uns, in der Schule tat er so, als sei nichts gewesen. Eine Woche später brachte er mich wieder von der Disko nach Hause. Und wieder beachtete er mich danach nicht, wich jedem Blick aus. Als ich ihn endlich zur Rede stellte, sagte er, daß ich doch unsere Klasse kenne. Es gibt einige Mädchen, die nicht sehen können, wenn sich zwei gern haben. Doch ist das ein Grund? Könnte es nicht sein, daß er mich gar nicht so gern hat wie ich ihn?

Julia, 14 Jahre

Liebe Julia!

Wie gern der Junge Dich wirklich hat, kann ich nicht einschätzen. Ich weiß jedoch aus vielen ähnlichen Briefen von Mädchen, wie schwer es vielen Jungen in Eurem Alter fällt, sich zu ihren Gefühlen in der Öffentlichkeit zu bekennen.

Es gibt also meist keinen Grund, die Freundschaft oder Liebe ständig in Frage zu stellen – damit kann man sie sogar kaputtreden. Angebrachter scheint es mir zu sein, den Jungen durch taktisch kluges Verhalten zu beeinflussen.

Deine Kritik, Julia, an seinen wechselhaften Zuwendungen Dir gegenüber ist berechtigt. Man kann nicht auf der Disko und bei sonstigen Begegnungen in der Freizeit ganz vertraut sein und sich in der Schule keines Blickes würdigen. Damit disqualifiziert Ihr Eure Beziehung selbst. Es bleibt den anderen in der Klasse nicht lange verborgen, wenn sich zwischen zwei Mitschülern etwas anbahnt. Ein Versteckspielen kann sie erst recht dazu ermuntern, sich ungerechtfertigt einzumischen, Fäden zu spinnen, die Euch trennen könnten.

Ich will damit aber auch nicht ausdrücken, daß sich zwei, die sich gut verstehen, in der Klasse wie ein Liebespärchen aufführen müssen. Übertreibungen dieser Art wirken ebenso lächerlich und unecht. Ich meine, in der Klasse sollte der kameradschaftliche Umgang mit allen Schülern den Vorrang haben. Nur ein sehr gutes Kollektiv verkraftet Pärchen, die natürlich immer etwas auffallen, herausragen beziehungsweise sich isolieren. Zeigen einzelne Mädchen Neidgefühle, dominiert noch nicht ein selbstbewußtes, altersgerechtes Auftreten bei jedem einzelnen, zerfällt eine Klasse in Cliquen. Dann ist es besser, Zurückhaltung zu üben und eine Verbindung nicht mit Gewalt und offen zur Schau zu stellen.

Eine Freundin zu haben bedeutet für einen Jungen noch nicht, mit ihr von früh bis spät zusammen zu sein. Von diesen Maßstäben solltest Du, Julia, ausgehen, wenn Du Deine Vorstellungen durchsetzen willst.

Verlange Offenheit und Höflichkeit, aber nicht, daß er sich in jeder Pause nur noch mit Dir beschäftigt.

Vielleicht wäre der einfachste Weg, eine Änderung herbeizuführen, wenn Du eine aktivere Position einnimmst und nicht nur darauf wartest, daß er das Niveau Eurer Beziehungen bestimmt. Wenn er verklemmt tut, und nicht grüßt, mußt Du doch nicht genauso auftreten. Eine freundliche Begrüßung mit einem Schuß Burschikosität kann alle Beklemmung wegnehmen und die Fronten klären. Ich hielte das für besser, als ihn mit verliebt-traurigen

Blicken zu bombardieren. Benimmst Du Dich ungezwungen, ohne ihn zu belagern, wird er schnell begreifen, daß eine persönliche Beziehung zwischen einem Mädchen und einem Jungen nicht nur im Verborgenen zu existieren braucht.

Sollte diese Therapie nicht anschlagen, mußt Du unbedingt die Dosis erhöhen. Zeige ihm auf der nächsten Disko, daß Du Dich nicht nur auf Zuruf zur Verfügung stellst. Wer die ganze Woche über so tut, als sei nichts gewesen, muß spüren, daß sich dann auch nach fünf Tagen ohne Mühen nichts abspielt. Leider fürchten immer noch einige Mädchen, aus Angst zu verlieren, diese Konfrontation.

Sie erziehen damit genau zu jener Überheblichkeit und Ungehobeltheit, über die sie sich oft beschweren müssen. Aber es ist neben der sachlichen Aussprache der einzige Weg, eigene Anforderungen deutlich zu machen und zu erfahren, was ihm die Sache wirklich wert ist.

Einfach auf taub schalten?

Ich war bis vor 3 Wochen mit einem Jungen zusammen. Ich hatte ihn sehr gern, und er zeigte mir auch, daß es ihm ebenso geht. Doch eines Tages machte er aus heiterem Himmel Schluß. Tags zuvor hatten wir einen Ausflug gemacht, wo alles in Ordnung war. Da wir in der gleichen Clique verkehren, sehen wir uns noch oft. Ständig versucht er mich zu beleidigen und mir Stiche zu versetzen. Ich halte das nicht mehr lange aus. Am liebsten würde ich immer auf der Stelle losheulen. Aber vor den anderen reißt man sich natürlich zusammen. Wie soll ich mich gegen ihn wehren?

Krystina, 14 Jahre

Liebe Krystina!

Du weißt, es macht nur Spaß, jemanden zu ärgern, solange die Angriffe auf fruchtbaren Boden fallen. Gehen die häßlichen Keime nicht auf, bleibt die Ernte aus, ist der Ärger bald auf der anderen Seite. Aber diese Überlegenheit läßt sich schlecht spielen, Du mußt sie erst verarbeiten, indem Du Dich auf Dich selbst besinnst und gefühlsmäßigen Abstand zum ehemaligen Freund gewinnst.

Ich glaube, die plötzliche Trennung, die der Junge von einem Tag auf den anderen angestrebt hat, richtete sich gar nicht so sehr gegen Dich. Die vielen Mädchen eigene Ausschließlichkeit, nun alles mit dem Freund gemeinsam machen zu wollen, ängstigt die Jungen. Sie fürchten um ihre guten Kontakte zu gleichaltrigen Jungen, zu einer Gruppe. Mit Unberechenbarkeit und starken Gefühlsschwankungen wehren sie sich dagegen, schon „auf Familie" zu machen. Ein Ausflug, der am Tag vor der Trennung stattgefunden hat, kann ganz unbeabsichtigt dieses Gefühl bestätigt haben. Natürlich zeigt sich in diesem Unvermögen, über solche „Bauchschmerzen" mit der Freundin zu reden, die Beziehung so zu steuern, daß noch genügend Raum für andere Dinge bleibt, auch noch sehr viel Unvermögen. Es potenziert sich vor allem in seinem Verhalten nach dem Schlußstrich.

Ich würde hier auch in den Angriffen auf Dich mehr den Versuch sehen, sich gegen eigene Gefühle zu wehren, als Dich wirklich treffen zu wollen. Das eigene Versagen in einer individuellen Beziehung wird häufig durch Widerborstigkeit, zur Schau getragene Ablehnung und mit aggressivem Verhalten abreagiert.

Das ist besonders dann zu beobachten, wenn sich die Freundschaft in einer Gruppe entwickelte, also auch andere darüber Urteile abgeben. Man will auf keinen Fall der Verlierer sein, darum spielt man sich so auf.

Du merkst schon, Krystina, daß es hier mehr um eine dümmliche Selbstdarstellung geht, die sofort an Wirkung verliert, wenn sie als eine solche entlarvt wird. Dafür gibt es mehrere Möglichkeiten.

Zunächst solltest Du ihn mal beiseite nehmen, ganz kameradschaftlich versteht sich, und ihm sagen, welche ungünstigen Charakterzüge er entwickelt. Sollte das keinen Erfolg haben, wäre es angebracht, ganz bewußt die Aufmerksamkeit der ganzen Gruppe auf seine beleidigenden Äußerungen zu lenken. Mache Dir die Sympathie der anderen zunutze und isoliere ihn etwas, fordere auf diese Weise die Kritik der anderen zu seinem Verhalten heraus. Der dritte Weg wäre, wie vorn angedeutet, einfach auf taub zu schalten. Besteht man einen solchen ersten kleinen Konflikt, geht man gestärkt daraus hervor und hat sogar dem anderen eine wichtige Lehre erteilt. Baue darum ruhig etwas mehr Stolz auf. Man kann damit den Jungen die Vorurteile, daß Mädchen auf die Dauer zu langweiligen Anhängseln werden, eher nehmen als mit Tränen in den Augen. Ich hielte es bei Überlegenheit Deinerseits auch nicht für ausgeschlossen, daß Ihr Euch im Rahmen der Gruppe wieder näherkommt.

Treibt sie nur ein Spiel?

Ich liebe ein Mädchen aus meiner Klasse. Ich möchte ihr gern eine Liebeserklärung machen, aber sie nimmt mir immer den Mut. Mal tut sie so, als könnte es etwas werden, dann aber ist sie ganz verändert. Hat es noch weiterhin Zweck, sich um sie zu bemühen?

Oliver, 14 Jahre

Lieber Oliver!

Eine richtige klassische Liebeserklärung könnte vielleicht in Eurem Alter etwas lächerlich wirken. Ich habe den Eindruck, daß ein großer Teil von Mädchen zwischen 14 und 18 seine Gleichberechtigung gern damit demonstriert, sich besonders burschikos zu benehmen, manchmal sogar etwas rüde aufzutreten. Das reguliert oft auch ihr Verhalten bei ersten Freundschaften.

Nun muß man sich, lieber Oliver, nicht auf gleiche Weise der Auserwählten nähern. Du solltest Dich auch nicht entmutigen lassen, Dich weiterhin ritterlich und gefühlsbetont zu benehmen, wenn das Deiner Wesensart entspricht. Mädchen, auch die kessen und burschikosen, wollen natürlich umworben sein, und oft ist ihre wechselhafte Zuwendung ein reines Lockmittel. Ich nehme an, daß das Mädchen aus Deiner Klasse durch Deine Aufmerksamkeit etwas verunsichert ist. Sie weiß genauso wie Du jetzt nicht so richtig, ob Du es wirklich ernst meinst. Denn so etwas gibt es ja auch, daß alberne Jungen nur testen, ob ein Mädchen anspringt, um sich dann lustig darüber zu machen. Da geht ein Mädchen lieber auf Nummer Sicher und verhält sich zweideutig.

Wenn Du sie gern hast, nimm diese Herausforderung

an, aber behalte Deine Würde und setze diesem heiteren Spiel Grenzen, indem Entscheidungssituationen durch Dich geschaffen werden. Du solltest die Sache auch zeitlich eingrenzen, damit Du ihr nicht etwa immer und ewig nachläufst. Ich denke, daß überschwengliche Liebeserklärungen am Anfang einer Beziehung überhaupt fehl am Platze sind. Sie können als überzogen und unecht betrachtet werden. Daß man jemanden gern hat, kann man auf andere Weise deutlich machen, zum Beispiel eine freundliche Einladung, durch einen festen Blick, durch das Suchen ihrer Nähe auch außerhalb der Schule, vielleicht durch einen netten Brief, in dem man sich offenbart, durch spezielle Hilfeleistung in einer komplizierten Situation. Ob man den anderen liebt, wird sich dann erst herausstellen. Wenn sich zwei gut kennen, gehen solche Worte auch leichter und überzeugender über die Lippen. Ich glaube, daß es Mädchen nach wie vor zu schätzen wissen, wenn ein Junge weiß, was er will, und mit Ideen die Initiative ergreift. Für Dich wird sich dabei auch schnell zeigen, ob sie ohne jede Anteilnahme Deine Annäherungsversuche als Selbstbestätigung genießt oder diesem neuen Erlebnis nur unsicher gegenübersteht.

So eine Angeberin

Mir gefällt ein Junge aus meiner Klasse. Aber er will nicht mein Freund sein, weil ich so angebe. Ich muß zugeben, daß er nicht ganz unrecht hat, aber es fällt mir schwer, mich nicht so aufzuspielen. Wie könnte ich mich ändern und den Jungen überzeugen?

Anika, 13 Jahre

Liebe Anika!

Das geflügelte Wort: Wer angibt, hat mehr vom Leben, scheint nur sehr bedingt zuzutreffen. Wenn Du schon selbst mit Bedauern einschätzt, daß Du angibst und Dich künstlich aufspielst, ist eindeutig der Zeitpunkt gekommen, das abzustellen. Unabhängig von dem Jungen, der Dich deswegen ablehnt, kann man sich mit solchem Verhalten überhaupt keine Sympathien erobern. Vielleicht mußt Du einmal etwas tiefgründiger darüber nachdenken, warum Du Dich so verhältst. Meist neigen ja Mädchen dazu, die immer im Mittelpunkt stehen wollen, die sehr egoistisch sind, die mehr mit Äußerlichkeiten auftrumpfen als mit anerkennenswerten Charaktereigenschaften. Ich denke da an Hilfsbereitschaft, Bescheidenheit, Höflichkeit. Oft ist das auch ein Ausdruck ungenügender geistig ausfüllender Beschäftigungen. Wenn ein Mensch Interessen ausbildet, in seiner Freizeit etwas vorhat, ein Ziel verfolgt, dann findet er dabei Bestätigung und muß nicht auf billige und vorlaute Weise die Aufmerksamkeit auf sich lenken. Es klingt jetzt durchaus hart, aber das macht die Sache deutlich: Angeber wirken meist etwas hohl. Wahrscheinlich ist es das, was den Jungen abstößt.

Vielleicht suchst Du Dir einmal eine Aufgabe innerhalb Deines Klassenkollektivs, die Dir wirklich etwas abfordert, wo nicht Angabe und eine große Klappe zählen. Man könnte sich um einen schlechten Schüler kümmern, eine Klassenfahrt organisieren, ein niveauvolles Klassenfest vorbereiten oder für eine streitbare FDJ-Versammlung verantwortlich zeichnen. Ich denke, damit könntest Du dem Jungen eher imponieren, und Dir wäre auch geholfen. Es gibt außerdem die Möglichkeit, ohne jede Angabe den Jungen zu bitten, Dir zu helfen, damit Du Dich änderst. Sage ihm einfach, daß Dir Dein Benehmen selbst nicht gefällt. Vielleicht stünde es Dir ganz gut, wenn Du nicht ständig Sicherheit vortäuschen würdest. Selbst Fragen zu haben, nicht unfehlbar und altklug zu sein, auch mal etwas falsch zu machen und es zuzugeben, Enttäuschung zu verkraften, den Rat der anderen zu suchen, das schafft doch Nähe sowie ehrliche und tiefe Beziehungen.

Wenn Du die Angst, auch einmal abgelehnt zu werden, überwindest, wenn Du für Dich akzeptierst, daß man um Anerkennung kämpfen muß, dann ist der erste Schritt zur Besserung getan, und das oberflächliche Getue wird schnell eingeschränkt sein. Sei froh, daß es endlich mal einen gab, der sein Mißfallen äußerte. So wie er denken auch viele andere in Deiner Umgebung. Über ihre offenen oder versteckten Meinungen über Dich hast Du Dich bisher nur hinweggesetzt, weil Du Dir selbst wichtiger warst.

Einen Jungen total verrückt machen?

In meine Klasse geht ein Mädchen. Simone. Ich habe eine Freundin, sie hat einen Freund. Mit Simone war ich zusammen in der Tanzstunde. Wir haben uns prima verstanden. Sie lächelt mich oft in der Schule an. Manchmal kommt sie in der Pause zu mir, und wir diskutieren. Dabei beugt sie sich so weit herab, daß ich ihre Brust sehen muß. Sie trägt keinen BH, obwohl sie es nötig hat. Ich weiß nicht, ob sie es mit Absicht macht. Jedenfalls steigt bei mir dann die sexuelle Erregung. Ebenso war es bei der Klassenfahrt. Auf der Rückfahrt saßen mehrere Mädchen und Jungen allein im Abteil. Sie setzte sich neben mich, und wir schauten uns Bilder an. Da sah ich wieder ihre schöne Brust. Wir waren plötzlich ganz allein, und ich habe sie geküßt. Darauf schien sie nur gewartet zu haben. Sie steckte ihre Zunge in meinen Mund. Wir küßten uns heftig. Zu Hause angekommen, standen ihr Freund und

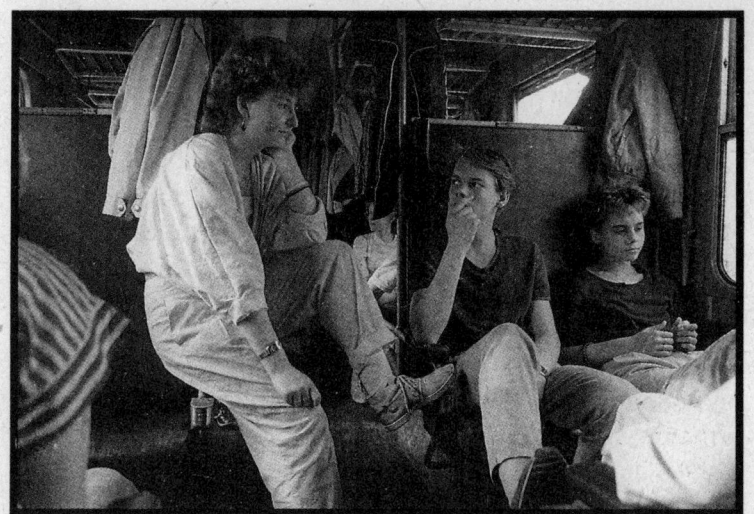

meine Freundin auf dem Bahnhof. Alles war wie immer, aber ich muß dauernd an die Fahrt im Zug denken.

Thilo, 15 Jahre

Lieber Thilo!

Deine Klassenkameradin ist ein „kleines Luder", das sich seiner weiblichen Reize schon sehr bewußt ist und sie ausspielt. Ich meine damit, daß Du auf ihre kleinen Tricks nicht länger hereinfallen solltest. Ein kühler Kopf kann sehr helfen, ihre Bemühungen um Dich richtig zu deuten und Deiner Freundin nicht untreu zu werden. Was das Mädchen da mit Dir treibt, ist ein gezieltes Spielchen, das völlig unverbindlich ist. Der geeignete Gegenspieler wäre jederzeit austauschbar. Sie provoziert in erster Linie, um sich selbst zu bestätigen.

Das ist ein Entwicklungsproblem mancher jungen Mädchen. Oft äußert sich hierbei der Widerspruch zwischen fortgeschrittener körperlicher und noch nicht voll ausgebildeter geistiger und psychischer Reife. Das Bedürfnis, einem Jungen zu gefallen, ist unzureichend mit Liebesfähigkeit kombiniert. Die körperlich-sexuelle Zuwendung überragt noch den seelisch-geistigen Bereich.

Beides zusammen, in schöner Ausgewogenheit, macht aber nur die partnerschaftliche Liebe aus.

Die vordergründige Zuwendung dieses Mädchens ist also keine Liebe, und ich glaube auch kaum, daß es überhaupt ihr Anliegen ist, Dich als Freund zu gewinnen. Wenn ein Mädchen das wirklich will, nähert es sich einem Jungen ganz anders. Bescheidener, verhaltener, prüfender. Verliebtheit macht nämlich auch immer ein bißchen unsicher, setzt mehr Frage- als Ausrufezeichen. Ich kann mir vorstellen, daß Deine Klassenkameradin es bei anderen Jungen auf die gleiche Tour probiert. Sicher nicht bei jedem. Eine gewisse Auswahl wird auch für den Flirt getroffen. Es müssen schon Jungen sein, die in ihrem Entwicklungsstand bereits Männlichkeit erreicht haben. An Knaben wird sie sich nicht versuchen, weil sie sehr genau einschätzen kann, welche Jungen für sexuelle Reize überhaupt ansprechbar sind.

Dein Erregungszustand beim Anblick ihrer Brust ist eine ganz normale erklärbare Situation, sie hat ebenfalls nichts mit Liebe Deinerseits zu tun. Manche Jungen spüren solche körperlichen Regungen auch beim Tanzen, wenn sich zum Beispiel ein Mädchen, und das muß nicht die Freundin sein, eng an sie schmiegt. Bei anderen reicht schon die Phantasie oder der Anblick von Bildern wohlgeformter Mädchenkörper.

Jungen spüren bekanntlich schon in der Entwicklungsphase vom Knaben zum Mann organbezogenes sexuelles Lustgefühl durch den unwillkürlichen Samenerguß. Diese sexuelle Erfahrung macht die Jungen auch in der weiteren Entwicklungszeit schneller erregbar, auf äußere Reize ansprechbar. Jungen müssen sich darum auch mitunter hüten, von verwegenen Mädchen, die sich auf ihre Attraktivität etwas einbilden und ihren Erfolg danach berechnen,

wie viele sie herumbekommen haben, verführt zu werden. Im Ansatz ist das dem Mädchen zumindest auf der Klassenfahrt bereits gelungen. Sie hat Dich so weit herausgefordert, ist Dir so nahe gekommen, daß Du auch nicht mehr an Dich halten konntest. Du hast gemerkt, daß man neben einem starken Gefühl auch immer den Verstand gebrauchen sollte. Sie hat Deine Sinne verwirrt, um Dir anschließend eiskalt die Grenzen zu zeigen. Das ist doch sehr berechnend. Am besten, Du vergißt diese Episode und behandelst das Mädchen ohne jede Anspielung wie jedes andere aus der Klasse.

Wie kannst Du Dich nun künftiger Angriffe erwehren, ohne zu sehr in Verwirrung zu geraten? Versuche es einmal mit Direktheit. Sage ihr doch einfach, daß sie Dir ihre schöne Brust nun oft genug gezeigt hat. Sicher wird sie beleidigt sein und ein bißchen giftig werden, aber meist wirken solche „Spritzen" sehr heilsam.

Es wäre für sie ein Baustein auf dem Weg zu begreifen, daß man durch Augenblicksliebeleien nur oberflächliche Beziehungen knüpfen kann und sehr schnell in den nicht löblichen Ruf gerät, es nicht so genau zu nehmen. Darüber verständigen sich Jungen gern, und das Ergebnis ist, daß sie ständig an Partner gerät, die es auch nur mal probieren wollen. Das hätte sie, die ja ein netter, umgänglicher Kamerad ist, nun wirklich nicht verdient.

Für den Lehrer schwärmen?

Durch einen Wohnungswechsel kam ich in eine andere Schule. Die neuen Lehrer gefallen mir sehr gut. Aber einen Lehrer finde ich besonders toll. Es ist so weit gekommen, daß ich mich in ihn verliebt habe. Ich lerne in seinem Fach besonders gut. Nun habe ich mich aber dazu hinreißen lassen, ihm einen Brief zu schreiben. Jetzt macht er im Unterricht ab und zu Bemerkungen — er ist ein humorvoller Mensch. Alle können ihn sehr gut leiden. Ich weiß genau, daß er mit manchen „Spitzen" mich meint. Ich wage dann gar nicht mehr, ihn anzusehen, und habe ein schlechtes Gewissen. Wie kann ich mit meinen Gefühlen ins reine kommen?

Heike, 14 Jahre

Liebe Heike!

Einen Lehrer sympathisch zu finden, sich für ihn als Person zu begeistern, das hat meist einen sehr guten Einfluß auf Lernverhalten und Disziplin. Nun gilt zwar für den erwachsenen Schüler der Grundsatz, daß er nicht für den Lehrer, sondern fürs Leben lernt, aber niemand wird dabei die Vorbildwirkung, die Ausstrahlung eines Menschen, der die Leistungen zu beurteilen hat, in Abrede stellen. Daß Du Dich in seinem Unterricht besonders anstrengst, um gute Zensuren zu bekommen, halte ich für die richtige Form, ihm Deine Sympathie zu bekunden. Damit ist im Prinzip schon die Grenze erreicht, die das Ausbildungsverhältnis zwischen Lehrer und Schülerin zuläßt.

Leider richten sich die Gefühle nicht immer danach, was man darf und was nicht. Wenn man so jung ist wie Du, dann gerät man ins Schwärmen, man sucht nach dem idealen Typ. Besonders Mädchen, die noch nicht so sehr auf Jungen orientiert sind, noch keinen Freund haben, idealisieren gern die Eigenschaften und das Auftreten reiferer Männer. Auffällig wird das auch manchmal bei einer übertriebenen Begeisterung für Popsänger, die sie nur vom Foto oder von der Bühne her kennen. Da ist ein Lehrer schon näher. Er muß jeden Tag agieren, man weiß mehr über seinen Charakter, über sein Gemüt als von einem Schlagerstar. Aber auch hier wird nur ein ganz bestimmter Ausschnitt seiner Persönlichkeit sichtbar. Die Phantasie fügt alles Fehlende hinzu.

So entsteht ein Idol, das man zu lieben glaubt. Mit Liebe aber sollte man sparsamer umgehen, sich für dieses tiefe Empfinden selbst höhere Maßstäbe setzen. Ein humorvolles und heiteres Wesen, ein sicher gutes Aussehen und ein interessanter Unterricht dürften dafür wohl nicht ausreichend sein. Das zu erkennen ist notwendig, um sich nicht in Illusionen zu verlieren und unbedachte Schritte zu gehen, die dem eigenen Selbstwertempfinden schaden. Mehr kommt nämlich nicht dabei heraus, wenn man anfängt, das Lehrer-Schüler-Verhältnis nicht mehr zu respektieren. Du merkst jetzt selbst, wie unwohl Dir nach dem Schreiben des Briefes ist.

Ich bin trotzdem weit davon entfernt, eine Schwärmerei für einen Lehrer zu verurteilen. Fast jeder hatte wohl in seiner Ausbildungszeit einmal solchen Schwarm, den er heimlich verehrte, für den er alles getan hätte. Manchmal sind es ganze Bankreihen von Mädchen, die sich für einen ganz bestimmten Lehrer begeistern und jedes seiner Worte und jeden Blick in ihrem Sinne ausdeuten. Ein erfahrener Lehrer erkennt das und nutzt dieses Interesse für seinen Unterricht, für eine allgemein gute Atmosphäre in der Klasse. Aufdringlichkeit, provozierendes und herausforderndes Verhalten von Mädchen können aber dieses Bemühen des Lehrers zunichte machen und die kameradschaftliche Tonlage in eine autoritäre umschlagen lassen, um das gegenseitige Verhältnis wieder in die richtigen Bahnen zu lenken.

Ich möchte Dir darum auch im Hinblick auf die guten Beziehungen des Lehrers zur ganzen Klasse raten, Deine persönlichen Bemühungen um ihn einzustellen. Ich glaube auch, daß er ein wirklich guter und souveräner Lehrer ist, indem er Dein Briefchen nicht überbewertet, nicht dramatisiert. Er behandelt die Sache mit Augenzwinkern, gibt Dir die Chance, alles als nicht geschrieben zu betrachten, und gibt Dir zu verstehen, daß er Dich gut leiden kann. Deine schriftlichen Erklärungen hätten ihn auch dazu berechtigt, in Anwesenheit eines anderen Lehrers mit Dir eine Aussprache zu führen, um die grundsätzlichen Positionen, die ohnehin klar sind, zu erörtern. Was für eine Erniedrigung so schöner Gefühle für einen Lehrer wäre das für Dich gewesen?

Mir gefällt es, wenn ein Lehrer Schüler höherer Klassen wie junge Männer und junge Mädchen und nicht wie Kinder behandelt. Daraus resultiert sicher auch ein charmanter, männlicher Umgang mit den jungen Damen während des Unterrichts. Wenn man das nicht einzuordnen versteht und aus jedem Blick, jeder persönlich gefärbten Bemerkung einen „Heiratsantrag" ableitet, dann erweist man sich selbst als naiv.

Es gibt, Heike, wenn Du das für Dich annehmen könntest, keinen Grund, Dich Deiner Gefühle zu schämen. Lerne weiter fleißig und schaue Deinem Lehrer wieder ins Gesicht. Dann weiß auch er, daß Deine heimliche Schwärmerei wie bisher nur zu sehr guten Leistungen in seinem Unterricht führen wird.

Wann küßt man richtig?

Ich gehe öfter zur Disko. Dort habe ich viele Jungs kennengelernt. Einen finde ich besonders toll und verspüre große Zuneigung zu ihm wie er zu mir. Er ist älter als ich. Wir beide sind oft zusammen. Aber immer wenn er mich küssen will, lenke ich schnell vom Thema ab. Der Grund ist, daß ich noch nie richtig einen Jungen geküßt habe. Deshalb habe ich Angst, daß seine Erwartungen von mir enttäuscht werden. Ich kann doch aber nicht ständig seine Gefühle auf die Folter spannen.

Anita, 14 Jahre

Ich sehe nicht schlecht aus, und es wollen viele Jungs mich als Freundin haben. Doch ich sage immer nein. Ich weiß nicht, wie ich mich gegenüber Jungs verhalten soll. Küssen kann ich auch nicht. Die Mädchen aus meiner Klasse haben da mehr Erfahrung! Was soll ich tun, wenn mich ein Junge küßt? Ihm das sagen oder schweigen?

Manuela, 14 1/2 Jahre

Ich habe einen fünfzehnjährigen Freund. Neulich, als er mir einen Abschiedskuß gab, merkte ich, wie er seinen Mund ein wenig öffnete. Ich tat, als ob ich es nicht bemerkt habe, da ich nicht mit Zungenschlag küssen kann. Ich möchte ihn deshalb nicht verlieren, aber ich trau mich auch nicht, es ihm zu sagen, daß ich nicht so küssen kann, wie er es verlangt beziehungsweise wie er es gern hätte. Wenn ich etwas über das Küssen mit Zungenschlag wüßte, dann würde ich es ja einfach mal versuchen.

Marika, 13 Jahre

Liebe Anita, Manuela und Marika!

Der erste Kuß ist schon ein wichtiges Ereignis bei verliebten Pärchen. Gehört er doch zu den ersten Zärtlichkeiten, die zwischen Mädchen und Jungen getauscht werden. Während bei manchen, so hat man den Eindruck, das Küssen bereits zum Routineprogramm des Flirtens gehört, sind andere voll erotischer Spannung, bis es soweit ist.

Natürlich gibt es von Kuß zu Kuß beträchtliche Qualitätsunterschiede. Die flüchtige Berührung zur Begrüßung, der Freundschaftskuß unterscheiden sich vom Liebeskuß. Letzterer drückt körperliches Begehren aus und sollte wirklich nur von jenen getauscht werden, die sich gegenseitig ihre Gefühle offenbaren möchten, die ein tiefes Bedürfnis nach den Zärtlichkeiten des anderen haben. Herumküsserei, demonstratives Zeigen solcher Intimitäten, Kußfreundschaften mit allen und jedem bringen bald den Ruf von Oberflächlichkeit ein. Sicher haben jene den Vorteil, völlig hemmungslos zu sein, aber ich glaube, daß für sie vieles in der Liebe auch nicht mehr so spannend und aufregend ist. Ich meine darum, sich in einer Partnerschaft etwas nicht gleich zu trauen, muß nicht unbedingt ein Nachteil sein.

Untersuchungen ergaben, daß 60 Prozent der Jugendlichen mit 15 Jahren geküßt haben oder küssen; Frühstarter, das sind 2 Prozent, erleben erste intime Zärtlichkeiten mit 12 oder noch etwas eher. Die Wissenschaftler haben auch festgestellt, daß sich weder zu frühes noch zu spätes Küssen für die Persönlichkeitsentwicklung nachteilig auswirkt.

Aber die Ungeküßten scheinen trotzdem sehr beunruhigt zu sein, etwas zu versäumen oder an Ansehen einzubüßen. In vielen Briefen wird von der Angst vor dem ersten Kuß berichtet, von ernsten Zweifeln am ausreichenden Talent zum Küssen. Woher kommen die Ängste? Vielleicht von einer Überbewertung des ersten Kusses?

Wer zum Beispiel glaubt, daß jeder Kuß nur das Vorspiel für den Geschlechtsverkehr sein kann, wird schon dem Anflug jeder Zärtlichkeit ausweichen.

Die Natürlichkeit und Bereitschaft, Zärtlichkeiten zu geben und zu empfangen, wird bereits im Elternhaus anerzogen. Küsse sind die ersten Liebesbezeugungen, die das Kind von den Eltern erlebt. Es wird später sehen, daß sich auch Eltern gern haben und sich körperlich nahekommen. Eine solche Umgebung hilft dann auch, gefühlssicher zu werden und die richtige Einstellung zu einem Partner zu finden. Vermißt ein Kind solche elterlichen Einflüsse, gibt es Küsse nur zur flüchtigen Begrüßung, benehmen sich die Eltern verklemmt bei eigenen Gefühlsäußerungen beziehungsweise unterdrücken sie sie sogar, kann sich das auch später in partnerschaftlichen Verhaltensweisen des Sohnes oder der Tochter widerspiegeln. Hemmungen in dieser Hinsicht, Angst davor, Herzlichkeit, Freude und Liebe auszudrücken, sind nichts Angeborenes, sondern werden durch Erziehungseinflüsse hervorgerufen.

Die Befürchtung, das Küssen nicht richtig zu beherrschen, sich wegen Unfähigkeit zu blamieren, stammt meines Erachtens aus der Wahl falscher Vorbilder. Besonders Mädchen neigen dazu, ihre Vorstellungen, wie Liebe sein müßte, Filmklischees zu entnehmen. Sie vergessen dabei, daß Hinwendung zum anderen keine Frage der Technik ist, sondern einzig und allein vom Gefühl bestimmt wird. Den Klischeevorstellungen und dem alten Rollenbild entspricht es aber auch, daß manche Mädchen den ersten Kuß nach wie vor von ihm erwarten und glauben, ihm dann etwas „bieten" zu müssen.

So wird zum Beispiel der Zungenschlag völlig überbewertet. Im Prinzip ist es weiter nichts als ein Anstoßen und gegenseitiges Berühren der Zungen. Zu einer solchen Intimität kann sich ein Mädchen aber nur entschließen, wenn es den Freund wahnsinnig gern hat und beide so vertraut miteinander sind, daß sie sich körperlich ganz nahe kommen wollen. Wer in einem solchen Moment irgend etwas abstoßend und unhygienisch findet, hat diese Vertraulichkeit noch nicht erreicht. Es versteht sich von selbst, daß diese Intimität große körperliche Appetitlichkeit voraussetzt. Ungepflegte Zähne oder eine gerade ausgedrückte Zigarette machen das Küssen mit Zungenschlag nicht besonders reizvoll. Jeder, der mit einem Freund soweit geht, muß sich darüber im klaren sein, daß intensives Küssen sehr erotisierend wirkt, daß einem tatsächlich heiß und kalt werden kann und sich der Wunsch nach „mehr" deutlich einstellt. Das Küssen mit geöffnetem Mund weckt Vorstellungen vom Geschlechtsverkehr, und es ist nicht unnatürlich, wenn ein Junge dabei ein steifes Glied bekommt und seine Hände über den Körper der Freundin wandern. Manche Mädchen empfinden diese Begierde des Freundes dann übertrieben und vordergründig und glauben, er hätte nur das eine im Sinn. Sie berücksichtigen zuwenig, daß ein junger Mann aufgrund der Sexualfunktionen seines Körpers, die wir im ersten Abschnitt dieses Buches erläutert haben, schneller in sexuelle Bereitschaft gerät als ein Mädchen. Es kommt

also schon beim intensiven Küssen darauf an, Grenzen an-
zudeuten. Damit meine ich nicht Verweigern, aber eben
auch nicht Empörung hinterher.

Ich glaube, daß alle Hemmungen null und nichtig werden, wenn der Richtige kommt. Wenn aus Schwärmerei
wirklich Liebe wird, gehen die Schranken von allein hoch,
und es ist dann egal, ob man sich noch ungeschickt anstellt. Und einer, der Euch wirklich gern hat, läßt Euch
auch nicht ungeküßt gehen. Wertet Eure Zurückhaltung
als Zeichen dafür, daß es doch noch nicht so richtig
„klick" gemacht hat.

Wann sollte man
mit einem Jungen schlafen?

Ich war ein halbes Jahr mit einem Jungen zusammen. Er
ist 16, und wir paßten ausgezeichnet zueinander. Zuerst
sind wir öfter zusammen gewesen, und ab und zu ein Kuß
gehörte einfach dazu. Beim Küssen blieb es nicht. Er verlangt mehr. Ich kann ihn ja verstehen, er ist 2 Jahre älter
als ich. Für mich war es zu früh. Also mußte ich ihn bremsen. Wir waren dann zwar noch 2 oder 3 Wochen zusammen, lebten uns aber total auseinander. Zur Zeit habe ich
keinen Freund, und irgendwie fehlt mir die Zärtlichkeit,
die ich von ihm gewohnt war. Hätte ich uns vielleicht
doch den letzten Schritt machen lassen sollen?

Johanna, 14 Jahre

Ich lernte vor einiger Zeit einen einundzwanzigjährigen
jungen Mann kennen. Einmal, als wir wieder zusammen
waren, es war schon spät am Abend, verlangte er plötzlich von mir, daß ich mich ihm ganz hingebe (Ge-

schlechtsverkehr). Ich bekam erst mal einen Schreck, es könnte ja eine unerwünschte Schwangerschaft folgen, und sagte ihm dann, daß wir uns so lange nun auch noch nicht kennen würden, und rettete so die Situation. Wie soll ich mich nun verhalten, wenn er wieder so etwas von mir verlangt?

Christiane, 14 Jahre

Liebe Johanna, liebe Christiane!

Euer Konflikt wäre sicher nicht kleiner, würde ich jetzt ein Alter nennen, mit dem Ihr bedenkenlos den ersten Geschlechtsverkehr erleben könnt. Ein festgeschriebenes Alter gibt es aber nicht, weil doch ganz andere Umstände für oder gegen Sexualität im Jugendalter sprechen. Ausschlaggebend ist immer die Liebe, die man bei sich und dem anderen spürt, dieses tiefe Empfinden, alles zusammen zu erleben, alles gemeinsam zu besprechen. Ein solches Vertrauensverhältnis, das ein sehr umfängliches Kennenlernen des Partners voraussetzt, wird immer von dem Wunsch begleitet sein, dem anderen körperlich ganz nahe zu kommen. Diese Nähe hat aber auch viele Formen und Stufen, und es ist gerade bei einem jungen Paar wichtig, nichts zu überstürzen, nicht gar zu viele Sprossen auf der Stufenleiter zu überspringen. Ich sage das nicht, um ein schönes Erlebnis hinauszuzögern oder gar zu verhindern. Aber die Erlebnisfähigkeit sowie die Sicherheit, daß man Sexualität jetzt mit diesem und keinem anderen genießen möchte, brauchen Zeit, um sich in einer Partnerschaft zu entwickeln. Nur dann, wenn man selbst etwas will, wenn man ein Ereignis für sich selbst und den anderen als unverzichtbare Bereicherung der Zweisamkeit empfindet, wird es wirklich schön sein. Man muß sich dann auch später, wenn die Liebe vielleicht doch zerbrochen ist, niemals Vorwürfe machen oder etwas bereuen.

An dieser Stelle scheint mir bei Euch, Johanna und Christiane, schon etwas nicht ganz aufzugehen. Euer Nachdenken ist mir zu sehr von seinen Wünschen geprägt. Ihr glaubt wahrscheinlich, ein männliches Bedürfnis bedienen zu müssen, das er sonst irgendwo anders abreagieren könnte. Ihr meint, seine Treue und die Festigkeit Eurer Partnerschaft mit dem jungen Mann hängt nun in starkem Maße von der körperlichen Vereinigung ab. Sicher ist es so, daß eine Liebe schöner und reicher wird, wenn beide Partner bewußt diesen Schritt gehen, wenn das Drängen nach Sexualität aus einem innigen Mit- und Füreinander erwachsen ist. In einer solchen Partnersituation wird es keine Frage geben, ob eventuelle Folgen von Intimbeziehungen von beiden bedacht wurden, ob über einen sicheren Empfängnisschutz gesprochen und entsprechende Vorkehrungen getroffen worden sind, bevor es zum ersten Geschlechtsverkehr kam. Mir scheint, daß sich bei einem jungen Paar gerade in diesem Verhalten Verantwortlichkeit und Reife zeigen. Zu oft erlebt man aber, daß junge Männer solche Entscheidungen allein ihrer meist noch jüngeren Freundin überlassen und gar nicht berücksichtigen, daß Unkenntnis oder Angst vor dem ersten Besuch beim Frauenarzt Gründe für Unentschlossenheit einerseits und Sorglosigkeit andererseits sein können. Sie pochen nur auf ihre Liebe und reden ihr ganz mangelnde Gefühle ein, wenn sie seinen Wünschen nicht nachkommt. Aber allein mit Gefühlen hat die Liebe keinen Bestand. Diese Erfahrung machen vor allem jene, die zu sehr darauf bauen, mit sexueller Bereitschaft den Freund halten zu können.

Ein junger Mann, der ein Mädchen sehr gern hat, in ihr nicht nur die Partnerin für den Geschlechtsverkehr sieht, kann natürlich warten. Es wird ihm wichtig sein, sie durch Zärtlichkeit und Zuverlässigkeit zu überzeugen und auch bei ihr ein wirkliches sexuelles Bedürfnis zu wecken. Zu einer solchen Einstellung zu finden ist für einen jungen Mann nicht immer leicht, zumal sich sexuelle Aktivität bei ihm mit Beginn der Geschlechtsreife ganz eigenständig, also auch unabhängig von einer Partnerschaft, bemerkbar macht. Bei Mädchen verläuft diese Entwicklung meist etwas anders. Ihre sexuellen Wünsche sind sehr stark an die Empfindungen für einen Partner gebunden und werden in einer Paarbeziehung stimuliert.

Verschiedene Untersuchungen zum Sexualverhalten Jugendlicher beweisen eindeutig, daß sexuelle Beziehungen vor dem 18. Lebensjahr heute zum Kennenlernen in einer gefestigten Partnerschaft dazugehören. Die Frage nach dem durchschnittlichen Alter, bei dem ein erster Geschlechtsverkehr als normal empfunden wird, beantworteten nach einer Befragung von Dr. sc. med. Hans-Joachim Ahrendt von der Frauenklinik der Medizinischen Akademie Magdeburg die Mädchen mit 16,3, die Jungen mit 16,7 Jahren. In dem Buch „Liebe und Sexualität bis 30" kommt der Jugendforscher Professor Starke zu der Aussage, daß Mädchen und Jungen durchschnittlich mit 16,9 Jahren den ersten Geschlechtsverkehr haben. Bei drei

Vierteln der Jugendlichen liegt dieses Ereignis zwischen dem 16. bis 18. Lebensjahr.

Nun können zwar statistische Durchschnittswerte kein Maßstab für eigene Entscheidungen sein, aber als Orientierungshilfe sind sie schon geeignet. Sie machen Euch, Johanna und Christiane, zumindest deutlich, daß Ihr Euch noch etwas Zeit lassen dürft, um in Eurer Partnerschaft alle Voraussetzungen zu schaffen, damit sexuelle Erlebnisse Eure weitere Entwicklung günstig beeinflussen. Das ist immer dann der Fall, wenn erste sexuelle Beziehungen nicht allein mit Neugier, dem Drang, anderen nachzueifern oder dem Partner einen Gefallen zu tun, motiviert sind.

Angst vor Schwangerschaft

Ich habe einen siebzehnjährigen Freund. Wir beide haben uns wirklich sehr, sehr gern. Ich habe auch schon öfter mit ihm geschlafen, aber ich nehme keine Verhütungsmittel. Ich würde ja, aber ich weiß nicht, woher. Nun habe ich große Angst, daß ich eventuell ein Kind bekomme. Dieses ist mir eigentlich erst bewußt geworden, als ein Mädchen aus unserer Schule (10. Klasse) ein Kind geboren hat. Ich habe gehört, sie wollte es sich nehmen lassen, aber sie war schon im 4. Monat. Wenn es nur möglich wäre, mit meiner Mutter darüber zu sprechen!

Sylvie, 14 Jahre

Liebe Sylvie!

Du hast die Entscheidung, mit Deinem Freund zu schlafen, sehr früh getroffen. Das macht es um so notwendiger, ganz sicher zu gehen, daß nichts passieren kann, was

Eure Liebe und Eure persönliche Entwicklung belasten könnte. Ihr werdet beide zugeben müssen, daß Euer bisheriges Verhalten sehr leichtfertig war. Zeugt es doch von großer Naivität, die eigentlich nicht mehr so richtig zu Euren Intimbeziehungen passen will. Jedes Mädchen und jeder Junge weiß doch, daß Schwangerschaft durch den Geschlechtsverkehr entsteht. Samenfäden werden beim Samenerguß des jungen Mannes in die Scheide des Mädchens gebracht. Sie wandern durch den Muttermundkanal, durch die Gebärmutter zum Eileiter. Die Spermien, die diesen Punkt erreichen, können im Eileitersekret bis zu 48 Stunden befruchtungsfähig bleiben. Trifft hier eine Samenzelle eine gerade frei gewordene Eizelle, so erfolgt ihre Vereinigung im oberen Teil des Eileiters. Während die winzige Zellkugel ihren Weg zur Einnistung in die Gebärmutterschleimhaut antritt, beginnt sie sich bereits zu teilen. Dieser unmerkliche Prozeß kann also immer dann in Gang gesetzt werden, wenn bei Dir ein befruchtungsfähiges Ei in Bereitschaft liegt. Dieser Zustand besteht zwar nur an einigen Tagen zwischen zwei Monatsblutungen, aber wenn Du diese fruchtbare Phase nicht einmal annähernd berechnest, ist Dein Risiko, schwanger zu werden, doch sehr groß.

Ich beobachte nicht selten, daß sehr junge Mädchen zwar schon wie eine Frau lieben, aber irgendwie nicht so recht glauben wollen, daß sie dabei auch Mutter werden könnten. Auch Dir ist das erst richtig bewußt geworden, als Du die Schwangerschaft einer Schülerin in unmittelbarer Nähe erlebt hast. Gleiches kann Dir auch passieren, wenn Du Dich mit Deinem Freund nicht ganz schnell von diesem Vogel-Strauß-Verhalten trennst, vor der Gefahr den Kopf in den Sand zu stecken.

Je früher ein Mädchen zum Geschlechtsverkehr bereit ist, um so sicherer müssen unerwünschte Folgen verhütet werden. Diese Verantwortung trägt auch Dein Freund. Es enttäuscht mich doch, daß er mit 17 Jahren auch so sorg-

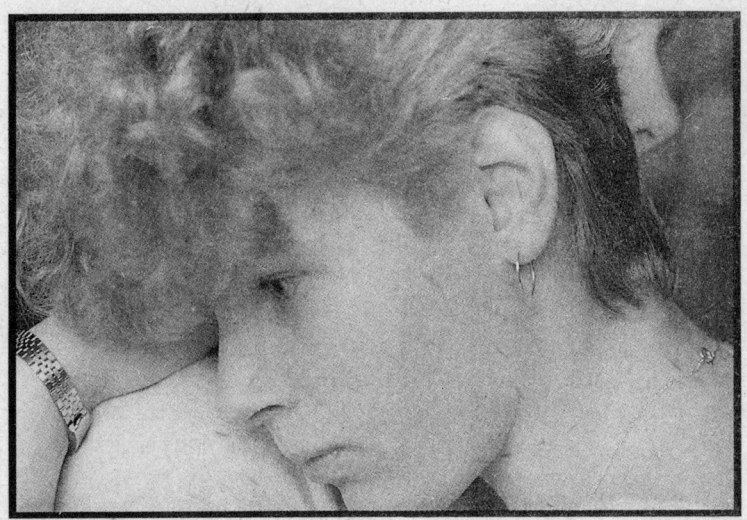

los ist und nicht wenigstens das getan hat, was unkompliziert und ohne Arzt möglich ist: sich Kondome zu kaufen. Diese Verhütungsmethode ist sehr sicher und für junge Paare geeignet, die noch nicht regelmäßig und häufig geschlechtlich verkehren. Sie sollte auch immer dann angewandt werden, wenn das Mädchen die Pille noch nicht nehmen kann. Voraussetzung dafür ist nicht das Alter, sondern regelmäßige Monatsblutungen mindestens seit einem halben bis einem Jahr und eine abgeschlossene körperliche Entwicklung.

Wenn Du meinst, daß Du mit Deiner Mutter über solche Probleme nicht reden kannst, dann muß davon ein Arztbesuch und die Verordnung der Pille nicht abhängig gemacht werden. Eine Einverständniserklärung mündlicher oder schriftlicher Art durch den Erziehungsberechtigten ist nicht erforderlich.

Da Intimbeziehungen, wie Du geschrieben hast, für Euch Ausdruck starker gegenseitiger Zuneigung sind und sie sicher auch mit der Dauer Eurer Liebe noch intensiver werden können, möchte ich Dir dringend raten, Dir die Pille verschreiben zu lassen. Wer sich reif genug fühlt, mit dem Freund zu schlafen, sollte auch keine Angst vor dem Frauenarzt haben. Übrigens könnte Dich Dein Freund dorthin begleiten, denn es ist durchaus nicht nur Deine Sache, kein Kind zu bekommen.

Von dem schwangeren Mädchen aus Deiner Schule hast Du erfahren, daß es beim Feststellen der Schwangerschaft bereits zu spät für eine Unterbrechung war. Dieser Eingriff ist nur bis zum Ende des 3. Monats möglich, weil er später mit sehr ernsthaften Komplikationen verbunden sein kann.

Wahrscheinlich ist das Mädchen in diese Zwangslage geraten, weil es sich nicht rechtzeitig den Eltern oder guten Freunden anvertraut hat. Ich meine, soweit muß es überhaupt nicht kommen, denn ein Schwangerschaftsabbruch ist kein Kinderspiel, und das Risiko für die Gesundheit ist hier sehr hoch. Eine frühzeitige hormonelle Schwangerschaftsverhütung mit der Pille verursacht keine bleibenden gesundheitlichen Schädigungen.

In einem kurzen Überblick will ich über gebräuchliche Verhütungsmethoden informieren, da diese Kenntnisse zur Allgemeinbildung eines Menschen gehören und zunächst gar nichts mit seiner sexuellen Aktivität zu tun haben. Außerdem sollte jeder über Empfängnisverhütung Bescheid wissen, bevor er überhaupt an Geschlechtsverkehr mit einem Partner denkt. Ungeschützter Geschlechtsverkehr ist immer ein Risiko, ungewollt ein Kind zu zeugen. Das kann auch beim erstenmal passieren.

● Am sichersten verhindert die Pille, die aus synthetisch hergestellten Hormonen besteht, eine Schwangerschaft. Sie verhindert die Eireifung und weist die Samenfäden ab. Sie muß täglich (außer Wochenpille) im vorgeschriebenen Rhythmus eingenommen werden. Nach jeder Pillenpackung erfolgt eine Einnahmepause von 7 Tagen, in der eine Abbruchblutung erfolgt. Auch an diesen Tagen ist ein Mädchen vor Empfängnis geschützt. Es gibt verschiedene Pillensorten, die sich in ihrer hormonellen Zusammensetzung unterscheiden. Damit ist für den Arzt eine differenzierte Anwendung möglich, was die Verträglichkeit der Pille bei den Patientinnen erhöht. Die Pille gibt es kostenlos auf Rezept in der Apotheke. Nur der Arzt kann sie verschreiben.

- Ziemlich sicher wirken Kondome. Sie bestehen aus einer dünnen Naturkautschuk-Latex-Haut und werden über das versteifte Glied gestreift. Die Ausstülpung am unteren Ende muß frei bleiben, weil dort der Samen aufgefangen wird. Beim Herausziehen des Gliedes aus der Scheide muß der obere Rand des Kondoms festgehalten werden, um ein vorzeitiges Abstreifen im Scheidenbereich zu verhindern. Kondome können in Drogerien gekauft werden, sie liegen auch in der Selbstbedienungsabteilung aus. Man kann sie per Nachnahme bei entsprechenden Versandfirmen bestellen (siehe Zeitungsannoncen).

- Recht sicher wirkt auch das Scheidenpessar, das den Muttermund mit einer Gummimembran vor Spermien abschließt. Es wird vor dem Geschlechtsverkehr in die Scheide eingelegt. Es ist nur beim Frauenarzt erhältlich, der die Anwendung erklärt. Das richtige Einlegen bedarf einer gewissen Übung.

- Als sehr sicher gilt die Spirale oder Schleife (Intrauterinpessar). Eine Spirale wird vom Frauenarzt in die Gebärmutter eingesetzt und kann dort bei guter Verträglichkeit mehrere Jahre verbleiben. Spiralen verhindern das Einnisten einer befruchteten Eizelle in der Gebärmutterschleimhaut. Sie werden vorwiegend bei Frauen angewandt, die schon ein Kind geboren haben.

- Als unsicher ist das einzige noch käuflich zu erwerbende chemische Verhütungsmittel Nona-Gel zu bezeichnen. Es besteht aus Zäpfchen, die eine spermientötende Wirkung haben. Es muß vor dem Geschlechtsverkehr weit in die Scheide eingeführt werden. Aber auch das Anwenden dieser Methode ist besser, als gar nichts zu tun. In Kombination mit dem Kondom oder der Berechnung der unfruchtbaren Tage erhöht sich seine Bedeutung.

- Als ziemlich sicher sind die Methoden zur Berechnung der fruchtbaren und unfruchtbaren Tage in einem Zyklus anzusehen. Sie verlangen allerdings völlige Enthaltsamkeit an den fruchtbaren Tagen. Verläßlichkeit auf diese Methode ist nur gegeben, wenn ein stabiler Zyklus besteht. Bei der Kalendermethode muß über mehrere Monate der exakt geführte Menstruationskalender zu Rate gezogen werden. Günstig sind die Werte eines Jahres. Vom kürzesten Zyklus zieht man dann 17 Tage ab und vom längsten 13 Tage. Der errechnete Wert kennzeichnet die fruchtbaren Tage. Davor und danach ist eine Schwangerschaft so gut wie ausgeschlossen.

- Noch genauer können die fruchtbaren Tage bestimmt werden, wenn über mehrere Monate die Basaltemperatur gemessen wird. Die Messung erfolgt jeden Morgen vor dem Aufstehen mit dem Fieberthermometer im After. Die gemessene Temperatur wird auf ein Kurvenblatt eingetragen (Rechenkaro oder Millimeterpapier). Der Frauenarzt hat dafür auch Vordrucke. Nach dem Eisprung erhöht sich die Temperatur um einige Zehntelgrade und wird bei der Aufzeichnung durch einen deutlichen Kurvenknick erkennbar. Nach der Temperaturerhöhung bis zur nächsten Regel ist keine Befruchtung möglich. Eine Kombination mit der Kalendermethode erhöht die Zuverlässigkeit.

- Sehr unsicher ist der unterbrochene Geschlechtsverkehr. Oft meinen Jungen, daß sie aufpassen können und damit eine Schwangerschaft verhindern. Wenige junge Männer können diesen Augenblick einschätzen. Es befinden sich auch schon in vorherigen Absonderungen Spermien. Die Methode zwingt zu totaler Konzentration auf den eigenen Orgasmus und bringt einem jungen Paar keine Erfüllung.

- Wenn man nach einem ungeschützten Geschlechtsverkehr an den fruchtbaren Tagen mit großer Wahrscheinlichkeit befürchtet, schwanger geworden zu sein, kann der Arzt die „Pille danach" geben. Sie ist aber nur Ausnahmesituationen vorbehalten, weil diese Pille starke Nebenwirkungen verursacht. Der Arzt muß 12 bis 24 Stunden nach dem Verkehr aufgesucht werden.

Schon lange
kein Kind mehr

★ Am Tage der Jugendweihe ist oft die Rede davon, daß Ihr, die Vierzehnjährigen, nun in den Kreis der Erwachsenen aufgenommen werdet. Was mag das für ein Kreis sein? Hattet Ihr nicht auch bisher mit Erwachsenen zu tun? Viele sind Eure Freunde und Vertraute, manche können Eure Vorbilder sein. Einige machen Euch ständig deutlich, daß Ihr noch lange nicht erwachsen seid. Es scheint fast so, als wollten sie Eure Aufnahme in ihren Kreis erschweren, hinauszögern, verhindern.

Ihr werdet schon festgestellt haben, daß sich nicht alle Erwachsenen so verhalten, wie es von Erwachsenen zu erwarten wäre. Zu ihnen möchte man nicht unbedingt gehören. Erwachsensein ist nämlich kein Verdienst von Lebensjahren. Darum kann auch niemand mit dem Gongschlag in den Kreis der Erwachsenen aufgenommen werden.

Oft ist am Tage der Jugendweihe zu hören, daß nun der Ernst des Lebens beginnt. Was kann damit gemeint sein? Etwa weniger Spaß, nur noch Verantwortung? Es klingt fast bedrohlich.

Trotzdem strebt jeder danach, kaum daß er auf der Welt ist, größer und älter zu werden, endlich erwachsen zu sein. Die Jugendweihe leitet dafür einen wichtigen Lebensabschnitt ein. Wir wollen sehen, was sich daraus machen läßt. Oder auch nicht.

Wie wird man erwachsen?

Meine Großmutter meint immer, ich soll mich nicht so danach reißen, erwachsen zu werden. Die schönste Zeit im Leben wäre die Kindheit. Das sehe ich nicht so, ich hätte schon gern mehr zu sagen.

Michael, 14 Jahre

In meiner Klasse sind viele noch sehr albern. Es fällt mir schwer, mich als FDJ-Sekretär durchzusetzen. Ich frage mich, ob die jemals erwachsen werden?

Manuela, 14 Jahre

Ich liebe meine Eltern und möchte ihnen deshalb nicht weh tun. Leider haben sie für eine Freizeitgestaltung mit meinen gleichaltrigen Freundinnen und Freunden kein Verständnis. Sie sagen, es wäre zu früh und lenke nur von den schulischen Pflichten ab. Wie kann ich meinen Eltern erklären, daß ich kein Kind mehr bin?

Elke, 15 Jahre

Liebe Freunde!

Das Erwachsenwerden geht tatsächlich nicht erst mit 14 los. Es ist ein Prozeß, der bei der Geburt anfängt. Der Vierjährige will unbedingt 6 werden, zur Schule kommen. Mit 12 ist der 14. Geburtstag ein Traum. Ihr legt das rote Halstuch ab und streift das FDJ-Hemd über. Der Personalausweis bescheinigt, daß Ihr junge Bürger unseres Landes seid. Und dann will man so schnell wie möglich 18 werden, volljährig sein.

Mit dem Eintritt ins Jugendalter beginnen die wichtigen Jahre des Reifens. Man ist kein Kind mehr, aber auch noch kein Erwachsener. Diese Übergangsphase ist wie eine Brücke von einem Ufer zum anderen. Viele betreten sie mit festem Schritt, manche zögernd, andere im Schnellgang, einige drehen sich unterwegs öfter um oder laufen zurück, manch einer fällt auch ins Wasser, muß schwimmen oder gar gerettet werden.

Da wäre zunächst zu klären, was unter Erwachsensein verstanden wird. Eure Briefe machen deutlich, daß es wohl unheimlich wichtig ist, als Persönlichkeit mehr anerkannt zu werden: gleichberechtigt seine Meinung zu sagen, eigene Entscheidungen zu treffen, über sich selbst verfügen zu können, in der FDJ-Gruppe unter Gleichaltrigen Anerkennung zu finden. Oder praktischer gesagt: abends länger aufzubleiben, in die Disko zu gehen, einen Freund oder eine Freundin zu haben, allein zu verreisen, anzuziehen, was man selber schick findet.

Die meisten dieser Forderungen richten sich speziell an die Eltern. Die Familie ist das entscheidende Feld, wo Erwachsensein gewährt wird oder wo darum gekämpft werden muß. Reibungen entstehen vor allem dort, wo sich erhöhte Forderungen nicht mit der freiwilligen Übernahme neuer Pflichten verbinden. Lautstark nach mehr Selbständigkeit zu rufen hilft wenig, wenn von dem, der ruft, nicht gleichzeitig auch etwas vorgezeigt wird. Zum Beispiel, die schulischen Aufgaben nicht stets auf dem letzten Drücker zu erledigen, abzuwaschen, ohne aufgefordert zu werden, vereinbarte Ausgangszeiten nicht zu überschreiten. Wer erwachsen sein will, muß sich also umsichtig verhalten, muß selbst Initiative ergreifen, Notwendiges erkennen und auch belastbarer werden.

Die Anforderungen an einen Erwachsenen sind sehr umfangreich. Er trägt Verantwortung für seine Arbeit, viele verbinden das mit einem deutlichen gesellschaftlichen Engagement, und er muß für seine Familie dasein.

Wer sich daran messen will, muß neben guten, seinem Leistungsvermögen entsprechenden Lernergebnissen seine Verpflichtungen in der FDJ-Gruppe ernst nehmen, und er kann auch dann nicht völlig erschöpft zu Hause auf Bedienung warten. Es kommt zunehmend darauf an, sich seine Zeit rationell einzuteilen, den Tagesablauf selbst zu organisieren und nicht nur eigene Interessen zu verfolgen. Da jeder mit steigender Anzahl der Lebensjahre immer mehr zu tun bekommt und mehr zu verantworten hat, wird so ein angemessenes Verhältnis von Arbeits- und Freizeit entstehen.

Unsere gesellschaftlichen Verhältnisse bieten eine gute Grundlage dafür, die Entwicklungsjahre nicht grundsätzlich als Problemzeit zu empfinden. Die Anerkennung der jugendlichen Persönlichkeit im Sozialismus stellt sich sehr vielfältig dar. Dazu zählen eine wissenschaftlich fundierte Schul- und Berufsausbildung für jeden, die besondere gesundheitliche Betreuung, das Recht auf Erholung, das sich ständig verbessernde Freizeitangebot.

Das Jugendgesetz legt orientierende Aufgaben fest und fördert die Verantwortlichkeit junger Leute. Es verpflichtet staatliche Leiter von Betrieben und Ausbildungseinrichtungen, der Jugend Bewährungsmöglichkeiten zu geben. Ein anderes Gesetz — das Jugendschutzgesetz — berücksichtigt die Besonderheiten in der körperlichen, geistigen und emotionalen Entwicklung zwischen 14 und 18. Es bewahrt Mädchen und Jungen in diesem Alter vor Überforderungen, schützt sie vor schädlichen Einflüssen. Mit Vollendung des 14. Lebensjahres könnt Ihr bereits für Straftaten selbst verantwortlich gemacht werden. Es wird vorausgesetzt, daß ein Jugendlicher bei normaler Entwicklung in diesem Alter gesellschaftliche Normen kennt und bereits weiß, was man zu tun und zu lassen hat. Das alles läßt auf großes Vertrauen schließen, was es zu rechtfertigen gilt.

Trotz aller weitergegebener Lebenserfahrung der Erwachsenen werdet Ihr als heranwachsende Generation eigene Erfahrung sammeln, muß sich jeder seine Weltanschauung, seine Lebensansprüche erarbeiten. Dabei entstehen mitunter idealisierte Vorstellungen, die sich am Bild der Wirklichkeit stoßen. Fragen, ja auch Zweifel werden angemeldet. Es ist richtig, sie auszusprechen.

Den Weg des Erwachsenwerdens beschreitet Ihr dann, wenn Ihr Euch für die Lösung von Widersprüchen Partner, Vorbilder sucht und selbst die Bereitschaft entwickelt, eigene Antworten zu finden. Verhält man sich als stiller Beobachter, als ein ständig Fragender, kann man schnell in eine Außenseiterrolle gedrängt werden. Und da bleibt dann oft nichts anderes übrig, als sich durch demonstratives Benehmen, durch Auffälligkeiten in ein zweifelhaftes Blickfeld zu rücken.

Manchmal fordern Erwachsene den Widerspruchsgeist Jugendlicher auch etwas heraus, weil sie zuwenig davon ausgehen, daß in der Jugendzeit noch Fehler gemacht werden dürfen, daß ein Über-das-Ziel-Hinausschießen nicht nur böse Absicht, sondern der Ausdruck von Unerfahrenheit oder Kompromißlosigkeit sein kann. Erwachsenwerden schließt auch ein, seine Umwelt kritisch zu betrachten, sich auseinanderzusetzen mit Haltungen anderer Menschen. Mit 14 ist einem Taktieren, jemandem zu Munde zu reden, sehr fremd. Wie sollte man es da verstehen, daß die Nachbarin freundlich begrüßt wird, obwohl alle hinter der vorgehaltenen Hand über sie reden, um nur ein ganz simples Beispiel zu nennen. Aus solchen Erlebnissen leitet sich schnell das Recht ab, absolut zu urteilen, jeden Eindruck spontan zu verallgemeinern. Das klingt dann meist etwas vorlaut. Eine eigene Meinung, die auch andere überzeugt, erwirbt man jedoch erst dann, wenn es gelingt, eigene Beobachtungen zu differenzieren. Dabei darf das jugendliche Streben nach Gerechtigkeit, nach Ehrlichkeit nicht aufgegeben werden.

Die Reifezeit bezieht sich nicht nur auf die Festigung von Verhaltensweisen und Lebensansichten, sie ist auch mit entscheidenden körperlichen Veränderungen verbunden. Beides verläuft, wie schon im vorderen Teil dieses Buches beschrieben, nicht ganz unabhängig voneinander. Hormonelle Umstellungen im Körper, die Reifung vom Mädchen zur Frau, vom Jungen zum Mann, ein schnelles Körperwachstum können einem schon zu schaffen machen. Da stellen sich an manchen Tagen Unlust und Mattigkeit, übertriebene Empfindsamkeit ein. Es gibt trotzdem keinen Grund, schlechte Laune zu pflegen, ständig Rücksichten zu erwarten und sich gehenzulassen. Sogenannte Flegeljahre lassen sich vermeiden, wenn man sich zu seinem Alter bekennt, über die Prozesse in seinem Körper informiert ist, sich Ziele für die eigene Persönlichkeitsentwicklung setzt, gesund lebt und die Freizeit mit körperlicher und geistiger Bewegung ausfüllt. Auch in der normalen Bewältigung dieses Lebensabschnittes wächst ein Stück von dem, was das Erwachsensein auszeichnet.

Ob einer erwachsen ist, läßt sich letzten Endes nicht am Lebensalter ablesen. Aber mit den Jahren gewinnt es an Bedeutung, wie ein jeder Nehmen und Geben in ein ordentliches Verhältnis bringt. Das verlangt Disziplin, aber nicht solche, die keinen lauten Schrei, keinen Sprung in die Luft mehr duldet. Es darf also weiterhin gelacht werden, auch mal an der falschen Stelle.

Kann ich nicht werden, was ich will?

Meine Freundin und ich haben das gleiche Problem. Schon lange stand für Martina fest, daß sie einmal Kindergärtnerin wird. Auch ich wollte schon immer Facharbeiter für Schreibtechnik werden. Als wir neulich aber mit der Klasse das Fischkombinat besichtigten, wollten wir mit einemmal Schiffskoch werden. Voller Begeiste-

rung erzählten wir es zu Hause. Aber unsere Eltern fanden das gar nicht gut und verbieten uns, irgendwelche Schritte zu unternehmen. Wir haben schon viel geredet, aber sie ändern nicht ihre Meinung. Haben unsere Eltern das Recht, uns diesen Berufswunsch zu vermasseln? Können sie ihre Unterschrift als Erziehungsberechtigte einfach verweigern?

Mareike und Martina, 14 $^3/_4$ Jahre

Liebe Martina, liebe Mareike!

Ich will zunächst nicht darüber reden, was Eure Eltern dürfen oder nicht. Schließlich geht es ja gerade bei der Berufswahl um eine sehr wichtige Entscheidung für das ganze Leben. Daß auch hier persönliche Wünsche und gesellschaftliche Realität oft nicht völlig übereinstimmen, habt Ihr in den zurückliegenden Jahren oft erfahren. Wer möchte schließlich nicht einmal Sänger, Pilot, Kapitän, Arzt, Kosmetikerin werden? Würden alle tatsächlich diese herkömmlichen Traumberufe wählen, wer sollte dann Schiffe bauen, Computer bedienen, Uhren reparieren? Erst mit weiteren Kenntnissen über Naturwissenschaft, Technik und Gesellschaft erschließen sich jedem die umfangreichen Möglichkeiten, sich in einem Beruf zu verwirklichen. Dabei wird jeder auch feststellen, daß er tatsächlich nicht nur für einen einzigen Beruf geeignet ist. Die Interessen eines Menschen sind meist recht vielfältig, und es ist somit durchaus möglich, persönliche Wünsche mit gesellschaftlichen Erfordernissen in Übereinstimmung zu bringen.

Zunehmend wächst die Erfahrung, daß berufliche Tätigkeit nur dann Spaß macht, wenn man wirklich gebraucht wird, also einen wichtigen Platz ausfüllt. Das scheint mir ein wesentlicher Aspekt für die Berufswahl, der doch manchen Kindertraum in Wohlgefallen auflöst. Ich meine, daß die Berufe, die Ihr zuerst gewählt hattet und für die Ihr Euch bald bewerben müßt, durchaus diesem Anspruch gerecht werden. Wahrscheinlich sind Euch die Verantwortung, die besondere Liebe, die zum Beispiel eine Kindergärtnerin braucht, die Exaktheit und Einsatzbereitschaft, die eine Facharbeiterin für Schreibtechnik haben muß, noch nicht so recht bewußt. Ihr habt Euch mit Eurem Berufswunsch noch nicht richtig identifiziert, darum konnte es auch passieren, daß Euch von heute auf morgen eine andere Tätigkeit begeisterte. Da stimmt im Grunde noch nicht alles mit der Planung Eures Lebens, mit der Festigkeit Eurer Ansichten. Darum ist es ganz gut, daß Eure Eltern dem plötzlichen Sinneswandel nicht gleich nachgeben und Euch dadurch zu tiefergehenden Überlegungen darüber zwingen, was Ihr einmal leisten wollt und was Ihr leisten könnt.

Es liegt mir fern, die Kindergärtnerin dem Schiffskoch gegenüberzustellen. Beide Berufe haben ihre Berechtigung, sind aufregend und interessant, wenn einer die richtige Einstellung dazu hat und mit Bedacht wählt. Das schließt ein, auch alle Nachteile einer beruflichen Tätigkeit genau zu kennen. Auf Anhieb läßt sich einschätzen, daß wesentlich mehr Kindergärtnerinnen gebraucht werden als Schiffsköche. Das ist zwar kein Motiv für die Wahl, aber doch eine ernsthafte Frage an die Hartnäckigkeit und Belastbarkeit des Bewerbers. Wer bei einer einzigen Betriebsbesichtigung von einem Beruf zu begeistern ist und sich schnell in romantischer Schwärmerei verliert, wird gegenüber sehr ernsthaften Bewerbern, die sich mit Inhalt und Anforderungen ihrer späteren Arbeit schon mehr beschäftigt haben, sehr schlecht abschneiden. Es bliebe darum zu wünschen, Ihr würdet schnell auf Tiefgang schalten, sonst kommt Ihr mit Euren ursprünglichen Berufswünschen auch noch ins Schlingern. Auch hier werdet Ihr nicht die einzigen Bewerber sein. Und neben den geforderten schulischen Leistungen und Beurteilungen zählt auch eine überzeugend dargelegte Motivation bei der Auswahl für einen Studienplatz beziehungsweise eine Lehrstelle.

Ganz auf sich gestellt?

Meine Freundin und ich, wir möchten in den großen Ferien gern zusammen zelten. Der Zeltplatz ist nur 2 Kilometer von unserem Ort entfernt. Aber die Eltern erlauben es nicht, wir sollen unser Zelt im Garten aufstellen. Wir finden es unfair, daß wir im Alltag erwachsen sein sollen, aber bei jeder kleinen persönlichen Initiative als kleine Kinder abgestempelt werden. Wovor haben die Eltern Angst, wenn zwei Mädchen mal ein paar Tage von zu Hause fort sind? Außerdem sagen sie, daß wir in unserem Alter überhaupt noch nicht allein verreisen dürfen. Das glauben wir aber nicht.

Steffi und Conny, 15 Jahre

Liebe Steffi, liebe Conny!

Dieser Widerspruch zwischen Anweisungen und Eigenständigkeit, zwischen strenger Kontrolle und Verantwortung zeichnet eine bestimmte Phase des Jugendalters. Damit habt nicht nur Ihr Probleme, wenn Ihr Euch mehr zutraut, als gestattet wird, wenn einerseits Reife erwartet, aber andererseits strikte Verbote ausgesprochen werden.

Auch Eure Eltern befinden sich in einer komplizierten Situation. Sie müssen sich an Euer Erwachsenwerden erst herantasten, brauchen Zeit dafür, das richtige Maß für „Leinen los" und „Zügel anspannen" zu finden. Ihr werdet mir vielleicht zustimmen, daß Ihr es ihnen dabei nicht immer ganz leicht macht, sie durch ausgebliebene Leistungen oder überspitzte Forderungen manchmal auch verunsichert. Verantwortlichkeit für sich selbst zeigt sich, wenn man 15 ist, nicht allein in guten Leistungen in der Schule oder bei der Wahrnehmung gesellschaftlicher Funktionen, womit gern operiert wird, wenn man den Eltern Zugeständnisse ablocken will. Sie zeigt sich meines Erachtens auch in einer größeren Umsicht, im Suchen und Finden von Aufgaben, im Erkennen von Notwendigkeiten, in einem gewissen Weitblick. Erwachsensein heißt also, nicht nur Anweisungen zu befolgen und Aufgaben abzuarbeiten. Eltern erkennen oft an Kleinigkeiten im familiären Alltag, wie weit eine solche Lebenshaltung, diese Zuverlässigkeit wirklich schon ausgeprägt sind, wie die Bereitschaft entwickelt ist, sich auch für die Belange der anderen Familienmitglieder einzusetzen, wie fundiert eine Meinung vorgetragen wird.

Überlegt einmal selbst, wie oft man Euch noch auf bestimmte Pflichten hinweisen muß, wie oft Ihr Unbequemlichkeiten aus dem Wege geht, wie es mit Eurer Selbständigkeit im familiären Alltag bestellt ist. Ich konstruiere hier einmal — wenn man nichts ißt, weil kein Brot im Haus ist oder den Pullover noch einmal anzieht, weil Mutter die Waschmaschine noch nicht angeworfen hat, dann muß man sich nicht wundern, wenn die Eltern Zweifel hegen. Nachprüfbar zeigen muß man das nämlich erst einmal zu Hause und nicht irgendwo auf einem Zeltplatz.

Nun sollte jeder natürlich alle diese Kleinigkeiten, an denen sich die Eltern mitunter auch lange festhalten und hinter denen sie ihre zu geringe Risikobereitschaft verbergen, auch üben. Viele Dinge wachsen tatsächlich viel besser und schneller aus der selbst gemachten Erfahrung heraus. Schließlich ist es ja auch zu Hause nicht so einfach, seine Selbständigkeit unter Beweis zu stellen. Mutter und Vater können ohnehin alles besser, vieles macht man ihnen nicht gut genug.

Ein langer Ausbildungsweg trägt heute zusätzlich dazu bei, überwiegend in die Geborgenheit eines Kollektivs einzutauchen, den Rahmen für Forderungen, Erwartungen und Leistungen sehr genau abgesteckt zu bekommen. So wird mitunter das Erfolgserlebnis direkt organisiert, der Reinfall abgewendet. Der Spielraum für eigene Entscheidungen bleibt in dieser Atmosphäre sehr klein. Viele Mädchen und Jungen erfahren sehr spät, was es wirklich heißt, für die eigene Existenz verantwortlich zu sein.

Ihr werdet jetzt sicher ahnen, warum der lange Umweg zu Eurer eigentlichen Frage, ob man mit 15 mal allein, ohne jede elterliche Aufsicht und Kontrolle, wegfahren darf, nötig war. Ich meine, daß es eine Möglichkeit wäre, mal eine kleine Kostprobe von dem zu bekommen, was Verantwortung für sich selbst bedeutet. Das betrifft ganz elementare Dinge wie ordentliches Essen und Schlafen, das Benehmen in neuer Umgebung, die Tagesgestaltung, die gegenseitige Abstimmung, das Verhältnis zu Jungen. Auch für die Eltern ist es mal gut, nicht überall eingreifen und vorausschauend reglementieren zu können. Stellt man nach einem solchen Urlaub gemeinsam fest, daß alles gut geklappt hat, wird das gegenseitige Vertrauensverhältnis eine neue Qualität erreichen. Das Zelt im Garten aufzuschlagen ist also völlig witzlos, es geht Euch ja nicht nur ums Beisammensein, sondern um Selbstbestätigung. Ich finde es darum gut, daß Ihr diese Probleme nicht von vornherein mit Jungen belastet, denn meist schreiben mir natürlich junge Pärchen, denen Eltern das gemeinsame Zelten verwehren. Solche elterlichen Bedenken sind noch von anderen Problemen begleitet, und die Prüfung der Reife der jungen Leute muß hier unbedingt noch ein paar anderen Voraussetzungen standhalten.

Mir gefällt es, daß Ihr mit Eurem Zelt nicht gleich durch die ganze DDR reisen wollt. Das wäre nämlich in Eurem Alter noch nicht möglich. Ein Zeltplatzwart kann Jugendlichen unter 16 Jahren ohne Aufsichtsperson den Aufenthalt auf dem Zeltplatz verbieten. In Eurem Falle wäre es möglich, daß die Eltern bei der Anmeldung mit dabei sind und auch zwischenzeitlich mal nach dem Rechten sehen. Allein verreisen kann trotzdem jeder, wenn er 14 Jahre alt ist und einen Personalausweis besitzt. Er kann dann nämlich der Meldepflicht nachkommen. Jugendlichen unter 16 Jahren, die allein unterwegs sind, wird empfohlen, nicht auf Zeltplätzen, sondern in Jugendherbergen Quartier zu machen. Richtig ist, daß alle Reisen bis zum 18. Lebensjahr der Zustimmung der Eltern bedürfen. So steht es im Familiengesetzbuch im Abschnitt über Erziehungsrechte und -pflichten. Sicherheitshalber sollte man ein solches Einverständnis der Eltern schriftlich bei sich haben. Selbständigkeit, liebe Steffi und liebe Conny, fängt aber bereits bei den Reisevorbereitungen, beim Rucksackpakken, Besorgen der Ausrüstung, Einkauf der Eßwaren, bei der Einteilung des Geldes usw. an. Ich wünsche Euch sehr, daß Ihr Eure Eltern durch eine sachliche Diskussion und überlegte Initiativen doch noch überzeugt.

Mit den Hühnern ins Bett gehen?

Ich habe mit meiner Mutter seit längerer Zeit einen Konflikt. Ich muß jeden Abend um 20 Uhr zu Bett gehen, weil mein zwölfjähriger Bruder, mit dem ich ein Zimmer bewohne, um diese Zeit schlafen muß. Zu dieser Zeit sind andere Schüler meiner Klasse noch unterwegs, zumindest braucht niemand vor 21 Uhr Nachtruhe zu halten.

Daniel, 15 Jahre

Lieber Daniel!

Deine Beschwerde ist berechtigt. Ich halte nichts von Gleichmacherei innerhalb der Familie. Wenn das Zusammenleben mit den Eltern und Geschwistern auch gegenseitige Rücksichtnahme erfordert, so braucht sie nicht so weit zu gehen, daß kein Raum für individuelle und altersgerechte Bedürfnisse mehr bleibt.

Der altersmäßige Abstand Deines Bruders zu Dir ist im Prinzip nicht gewaltig, da kann man schon noch Gemeinsames finden. Dennoch hast Du ihm im Wissen, in der Erfahrung, in den Ansprüchen an die Freizeitgestaltung – kurz gesagt, in der gesamten Persönlichkeitsreife – momentan einiges voraus. Das verlangt ein altersgerechtes Einbeziehen in das Familienleben, damit es weder zu Über- noch zu Unterforderungen kommt. Zwischen 12 und 14 Jahren zählt ja wirklich jeder Monat, weil körperliche und geistige Reifeprozesse auch die Bedürfnisse und Ansprüche verändern. Da sind Abstufungen bei der Zubilligung von Rechten schon notwendig. Das Weglassen von Abstufungen bei der Erziehung unterschiedlich alter Geschwister ist weder für den einen noch für den anderen von Vorteil. Jeder sollte in der Familie spüren, daß neben der zunehmenden Verantwortung, den höheren Leistungen auch die eigenen Möglichkeiten wachsen. Was Dich unzufrieden macht, erzeugt vielleicht bei Deinem jüngeren Bruder Überheblichkeit. Er verliert die Maßstäbe, weil sich alles nach seinen Bedürfnissen richtet. Die zunächst bequeme Lösung für die Familie, um 20 Uhr die Kinderzimmertür zu schließen, ist also für die charakterliche Entwicklung von Euch beiden gar nicht so günstig – das können Eure Eltern auf die Dauer nicht unberücksichtigt lassen.

Aber zunächst geht es um Dich, Daniel. Du solltest im Gespräch mit den Eltern aus dem Zubettgehen nicht nur eine Prinzipienfrage machen. Begründe ihnen, warum

und wozu Du die Zeit am Abend brauchst, daß zur gesunden Lebensweise zwar der ausreichende Schlaf gehört, aber auch geistige Nahrung zu zählen ist. Ich halte es für richtig, daß man sich mit 15 langsam, aber sicher an den Lebensrhythmus eines Erwachsenen gewöhnt. Auch er muß vorwiegend die Abendstunden nutzen, um seinen häuslichen Pflichten nachzugehen und persönliche Interessen zu pflegen. Bei einem fünfzehnjährigen Schüler, der das Lernen, das sich teilweise ja auch in außerunterrichtlicher Beschäftigung fortsetzt, ernst nimmt und der seinen gesellschaftlichen Verpflichtungen in der FDJ-Gruppe nachkommt, ist der Tag schon ausgefüllt. Er braucht also den Abend, um sich mit Freunden zu treffen, eine Disko zu besuchen, ins Kino zu gehen, ein Buch zu lesen, in die Zeitung zu schauen, fernzusehen, zu stricken oder zu basteln, den Schrank mal wieder aufzuräumen usw. Nicht an jedem Abend muß man aus dem Haus flattern, dafür bin ich auch nicht. In der Familie gibt es stets einiges zu besprechen und gemeinsam zu erledigen, wozu nach meinen Erfahrungen meist immer erst gegen 20 Uhr die nötige Ruhe eintritt. Wer zu diesem Zeitpunkt mit 15 Jahren täglich schon im Bett liegen muß, kann geistige Ansprüche, die man an ihn stellt, nicht voll entwikkeln, weil eine Erlebnisebene zu kurz kommt. Und der Jugendliche wird in seiner allgemeinen Belastbarkeit überhaupt nicht trainiert. Hinzu kommt, daß er sich automatisch von Altersgefährten isoliert, die mehr dürfen und selbständiger sind. Minderwertigkeitskomplexe und eine nicht zum Alter passende Naivität machen es solchen jungen Leuten mitunter recht schwer, sich in einem neuen Kollektiv zu behaupten.

Und dann ist das Bett mächtig vorbelastet. Ins Bett zu müssen erinnert nämlich immer an Kleinkindererziehung, an Strafe, weil in jüngeren Jahren mit dem Bett leider viel zu oft bei Ungehorsam gedroht wird. Ich sehe also in dem längeren Aufbleiben nicht nur eine Anerkennung von Erwachsenwerden, sondern einen wichtigen Beitrag zur Persönlichkeitsentwicklung. Außerdem zwingt ein nichtschlafender Jugendlicher am Abend auch die Eltern, sich etwas intensiver mit ihm zu beschäftigen, was oft sehr vonnöten ist.

Eine eigene Fete?

Ich möchte in diesem Jahr erstmals mit meinen Freunden und Freundinnen Silvester feiern. Als ich diesbezüglich meine Eltern ansprach, waren sie gar nicht einverstanden. Sie meinten, ich wäre für solch eine Feier noch zu jung. Wegen Alkohol und Jungen brauchen sie wirklich keine Angst zu haben. Sie wissen doch, daß sie sich auf mich verlassen können.

Yvonne, 14 Jahre

Liebe Yvonne!

Geht es auf die Jahreswende zu, gibt es in den Familien oft Diskussionen zu diesem Problem. Da die Einstellung der Eltern zum Feiern Jugendlicher wohl nicht nur für den Silvestertag Bedeutung hat, will ich hier ein paar Positionen zum Weiterdenken für beide Seiten anbieten. Der Wunsch, bestimmte Feiern im Kreise Gleichaltriger zu gestalten, eine eigene Fete zu organisieren, ist verständlich. Dahinter müssen keine schlechten Absichten vermutet werden. Schließlich geben viele Erwachsene solchen Anlässen wie Geburtstags- oder Silvesterfeiern immer ihr eigenes Gepräge. Junge Leute langweilen sich in solchen Runden oft sehr und verbringen nach meinen Beobachtungen meist den ganzen Silvesterabend vor dem Fernseher. Manche Eltern sollten überlegen, bevor sie den Wunsch nach einer eigenen Feier der Kinder grundsätzlich ablehnen, weil sie die Kontrolle nicht aus der Hand geben wollen, ob ihr Verhalten oder das ihrer Gäste bei Nikotin und Alkohol immer diese Ablehnung rechtfertigt.

Ich meine, die Eltern sollten sich zunächst einmal darüber informieren, wer die weiteren Gäste der Jugendparty sind und was Ihr Euch für den Abend ausgedacht habt. Ob so ein Unternehmen auch Stil hat, erkennt man sehr gut an seinen Vorbereitungen. Wurde zum Beispiel jeder beauftragt, sich für Essen und Trinken eine kleine Überraschung einfallen zu lassen beziehungsweise für den Verlauf des Abends etwas einzubringen? Ich denke, daß man mit etwas Programm die Eltern eher überzeugt als mit einer Feier, die sich selbst überlassen bleibt und dadurch auch leicht in die Gefahr geraten kann, irgendwie in Toberei auszuarten.

Du solltest Deinen Eltern nach Möglichkeit den Gastgeber vorstellen und vielleicht ein Gespräch mit seinen Eltern organisieren. Wenn Deine Eltern darauf bestehen, daß sie eine Teilnahme an einer Feier nur gestatten, wenn sich Erwachsene in der Wohnung befinden, so sollte eine solche Forderung das Fest nicht trüben. Jugendliche und Eltern können durchaus auch zusammen feiern, wenn sich jeder für seine Gäste verantwortlich fühlt. So könntest Du Deinen Eltern beispielsweise vorschlagen, die jungen Leute zu Euch einzuladen, damit sie sich selbst ein Bild von einem solchen Jugendtreff machen können. Es gehört durchaus zur Erziehung Vierzehnjähriger dazu, ihnen im Rahmen der Familie mehr Möglichkeiten einzuräumen, eigenen Wünschen und Bedürfnissen nachzugehen. Dazu zähle ich auch das Einladen eigener Gäste zu bestimmten Anlässen. Auch feiern will gelernt sein. Und wo könnte man das besser üben als bei sich zu Hause.

Schadet denn ein Gläschen?

Ich hatte in diesem Jahr Jugendweihe. Allen meinen Klassenkameraden wurden zu diesem Ereignis auch alkoholische Getränke angeboten. Ich saß den ganzen Tag mit Brause da, weil meine Eltern grundsätzlich der Auffassung sind, daß man mit 14 keinen Alkohol zu trinken hat. Ich finde das kindisch, denn schließlich wird man von einem Gläschen nicht gleich betrunken. Ist Alkohol tatsächlich so gefährlich, daß man in meinem Alter einen gesundheitlichen Schaden davontragen könnte?

Martin, 14 1/2 Jahre

Lieber Martin!

Ich kann mich weder auf die Seite der von Dir geschilderten „großzügigen" Eltern Deiner Klassenkameraden schlagen, noch kann ich die etwas engherzige Konsequenz

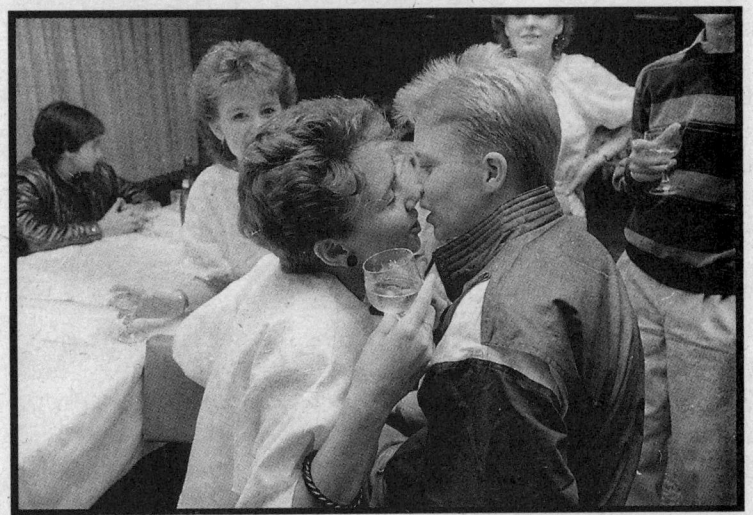

Deiner Eltern befürworten. Mitunter beobachtet man ja, daß der sogenannte Eintritt ins Erwachsenenalter am Jugendweihetag mächtig begossen wird, daß an diesem Tag auch für den Sohn oder die Tochter so eine Art Ausnahmezustand eintritt, der schnell falsch verstanden wird. Manch einer hat sich damit schon den ganzen schönen Tag verdorben, weil ihm Wirkungen und Nachwirkungen von Alkohol eben doch nicht so recht bewußt waren. Ein Herumziehen Jugendgeweihter von Haus zu Haus, wo überall ein Gläschen angeboten wird, ist wirklich nicht besonders einfallsreich. Schließlich hat der „Abschied von der Kindheit" und der Beginn des Jugendalters nichts damit zu tun, nun auch trinkfest zu werden. Eltern, die ansonsten ihr Kind ernst nehmen, sich um seine Sorgen und Probleme kümmern, es auch altersgerecht behandeln, brauchten eigentlich mit solchen tagesgebundenen Zugeständnissen nicht ihre besondere Freundschaft zu bekunden. Der Drang mancher Jugendlicher, mit dem Trinken von Alkohol ihr Erwachsensein zu dokumentieren, wäre wesentlich geringer, würde man ihnen in der Familie mehr Freiräume lassen, sich etwas intensiver um die Ge-

247

staltung ihrer Freizeit kümmern und bei den Familienfeiern von ausschließlich „gut essen und trinken" etwas abrücken.

Nach meiner Meinung können Deine Klassenkameraden, die an ihrem Ehrentag recht unkontrolliert trinken durften, kein Maßstab sein. Nichts dagegen einzuwenden gibt es andererseits, wenn man in Deinem Alter bei besonderen Festlichkeiten Alkohol tatsächlich als Genußmittel kennenlernt und einen kulturvollen Umgang mit solchen Getränken erlebt. Ein Glas Sekt, ein milder Wein oder eine leichte Bowle sind, maßvoll zu sich genommen, durchaus geeignet, auch einmal ein wenig die belebende Wirkung von Alkohol zu spüren. Ich würde darin kein Verleiten zum Alkoholmißbrauch sehen.

Verbotene Früchte schmecken bekanntlich besonders gut — und ich habe oft erlebt, daß sehr strenge Verbote dazu führen, daß das Trinken bei der erstbesten Gelegenheit doch unkontrolliert probiert wird. Völlige Unbedarftheit in dieser Frage kann natürlich sehr schlimme Auswirkungen haben. Es ist eine Tatsache, daß ein Jugendlicher aufgrund seiner besonderen psychischen und physischen Konstitution den fatalen Wirkungen des Alkohols stärker ausgesetzt ist als ein Erwachsener. Der Jugendliche ist zum Beispiel viel weniger in der Lage, die alkoholbedingte Enthemmung zu steuern, es treten eher psychomotorische Störungen auf. Darum ist in der Verordnung zum „Schutz der Kinder und Jugendlichen" vom 26. März 1969 auch festgelegt, daß an Jugendliche unter 16 Jahren in öffentlichen Gaststätten gar keine alkoholischen Getränke ausgeschenkt werden dürfen. Dieser Grundsatz gilt auch für alle Veranstaltungen, die innerhalb der Klasse stattfinden. Du wärst darum gut beraten, wenn Du Dir trotz oder gerade wegen der Limonade zu Deiner Jugendweihe die Haltung Deiner Eltern zu eigen machst und ebenso bemüht bist, Lustigkeit und Geselligkeit auch ohne Alkohol zu erleben. Meist reicht es ja schon, daß man sich von einigen, die gern ein bißchen angeben, nicht anstecken läßt. Wenn Deine Eltern merken, daß Du nicht nur darum gern mit einem alkoholischen Getränk anstoßen möchtest, das Dir vielleicht nicht einmal besonders schmeckt, weil es andere bereits dürfen, werden sie sicher auch bald Deine gewachsene Reife in dieser Form anerkennen.

Wie feiere ich meine Jugendweihe?

Es gibt bei uns sehr starke Meinungsverschiedenheiten über den Ablauf der Jugendweihe. Meine Eltern meinen, daß wir alle Onkel und Tanten einladen müssen, weil sie sonst beleidigt sind. Wie der Tag dann abläuft, ist jetzt schon klar. Wir werden von einem Essen in das andere fallen. Alle werden sich etwas zu erzählen haben, und ich langweile mich. Mutti rast in der Gegend herum, um die Gäste zu bedienen, und am nächsten Tag steht die ganze Küche voller Abwasch. Leider halten meine Eltern gar nichts von einer weniger traditionellen Form. Um ehrlich zu sein, weiß ich auch nicht so recht, was ich ihnen anderes vorschlagen könnte.

Markus, 13 Jahre

Lieber Markus!

Die Jugendweihefeier gehört ja wirklich zu den einmaligen Feiern. Geburtstag ist jedes Jahr, Schulanfang und Jugendweihe aber sind einmalig. Darum sollten sie auch ein ganz besonderes Gepräge haben.

Leider tritt bei den meisten Familienfeiern der eigentliche Anlaß zu sehr in den Hintergrund. Die Gäste und ihre Bewirtung füllen den ganzen Tag aus. Die Anwesen-

heit des Jubilars ist nur noch notwendig, um die Geschenke abzuladen. Das ist zwar eine angenehme Begleiterscheinung, aber eben nicht das Wesentliche dieses Tages. Darum sollte in Vorbereitung auf die Jugendweihe mit den Eltern nicht nur über die gewünschte Bekleidung gesprochen werden, sondern auch über den Ablauf des Tages. Es müßte schließlich ein Fest werden, bei dem Du im Mittelpunkt stehst. Es sollte also einen jugendlichen Charakter tragen. Das schließt nicht aus, daß Verwandte und Freunde, die besonderen Anteil an Deinem bisherigen Lebensweg nahmen, bei diesem Fest dabei sind.

In vielen Schulen wurden für die Wünsche der jüngeren und der älteren Generation an einem solchen Tag schon gute Lösungen gefunden. Die Jugendweiheklassen haben für den Nachmittag und Abend eine größere Gaststätte gemietet. Das schränkt die Zahl der Gäste jeder Familie etwas ein, auch die Eltern können ohne Arbeit diesen Tag genießen, die jungen Leute haben Freunde und Freundinnen um sich, mit denen sie sich auch sonst sehr verbunden fühlen. Und es gibt eine zünftige Disko für jung und alt.

Auf die rechtzeitige Bestellung sowie die Gestaltung einer solchen Feier kann auch die FDJ-Leitung der Klasse Einfluß nehmen. Sie sollte das Elternaktiv sowie den Klassenlehrer zu ihren Verbündeten machen. Es wäre zu begrüßen, würde an diesem gemeinsam verbrachten Tag die Hilfe der Eltern und Lehrer auf dem bisherigen Lebensweg nicht vergessen werden. Ich meine keine steifen Reden, sondern ein kleines Programm, witzig und geistvoll, zugeschnitten auf die Leute, denen ihr Dankeschön sagen wollt.

Kommt ein solches Gemeinschaftsunternehmen nicht zustande, kann auch die Familienfeier jugendlichen Charakter tragen. Diesen Teil der Feier könntest Du selbst organisieren, Markus. Eine kleine Familiendisko verlangt allerdings mehr als bespielte Bänder. Kleine Quizeinlagen und Spiele können die ganze Gesellschaft in Bewegung bringen. Es darf auch zwischendurch gesungen werden. Zu überlegen wäre, ob nicht mehrere Schüler Deiner Klasse so ein Nachmittagsprogramm gemeinsam veranstalten könnten, denn wichtig ist für eine gelungene Jugendweihefeier der Kontakt zu Freunden, mit denen man gern zusammen ist. Zum Abend würden sich ja dann alle wieder im Kreise der eigenen Familie einfinden. Ich denke, soviel Toleranz sollten die Eltern aufbringen, daß sie entweder ihre Wohnung für die Jugendparty zur Verfügung stellen oder wenigstens bereit sind, einige Stunden auf Sohn oder Tochter zu verzichten.

Wenn Du jetzt mit Deinen Eltern immer noch erfolglos über Deine Jugendweihe diskutierst, dann liegt das wohl daran, daß Du noch zu sehr davon ausgehst, daß für Dich dieses Fest ausgerichtet wird. Mit Passivität langweilt man sich überall zu Tode.

Eine ganz andere Möglichkeit wäre, diesen Tag nur mit Eltern und Geschwistern zu verbringen. Auch ein Ausflug an einen Ort, den man schon immer gern besuchen wollte, oder ein Theaterbesuch am Abend können ganz in Familie zu einem unvergeßlichen Erlebnis werden.

Ist die Disko meine Welt?

Ich habe im April Jugendweihe gehabt und möchte jetzt auch mal gern am Sonnabend zur Disko gehen. Die fängt aber immer erst um 19 Uhr an. Meine Mutter verlangt, daß ich um 21 Uhr zu Hause bin. Wenn ich dann den Weg mit dem Fahrrad rechne, ist noch eine halbe Stunde weg. Meine Freundin findet das auch blöd. Ist da nicht etwas zu machen?

Michael, 14 ¹/₂ Jahre

Ich finde Disko sehr schön und würde gern öfter mal gehen. Meist schaffe ich es aber nur unter Tränen, und dann ist mir schon immer die Lust vergangen. Wieso glauben meine Eltern, daß ich noch Zeit für so etwas hätte?

Katharine, 14 Jahre

Ich darf nur zur Schuldisko gehen. Aber die findet nur zwei- bis dreimal im Jahr statt. Das genügt mir nicht. Wann endlich begreifen sie bei mir zu Hause, daß ich kein kleines Kind mehr bin, das ständig beaufsichtigt werden muß?

Marén, 14 Jahre

Meine Mutter sagt, daß ich erst nach der Jugendweihe zur Disko darf. Da bin ich dann aber schon fast 15. Was sollte sich nach der Jugendweihe so grundsätzlich an meinem Verhalten ändern? Sie sagt, daß sie früher in meinem Alter auch nicht tanzen gehen durfte. Aber kann man denn das überhaupt miteinander vergleichen?

Heike, 13 ³/₄ Jahre

Lieber Michael, liebe Katharine, Marén und Heike!

Eure SOS-Rufe machen deutlich, daß es immer noch ganz schöne Vorbehalte zur Disko gibt. Das hat viele Ursachen, die teils an Euch selbst liegen, teils aber auch durch negative Erfahrungen der Eltern zustande kommen. Beides läßt sich nur abbauen, wenn sachlich miteinander diskutiert wird und Kompromißbereitschaft besteht. Ich will es gleich sagen: Ich bin für die Disko und finde es gut, daß sich viele Jugendklubs und Gaststätten bemühen, altersgerechte Tanzveranstaltungen durchzuführen. Wer zum Beispiel in eine Diskothek für Vierzehn- bis Sechzehnjährige geht, kann überhaupt nicht in Konflikt mit alkoholischen Getränken kommen, und auch das Ende einer solchen Veranstaltung ist gesetzlich geregelt. Das Jugendschutzgesetz legt nämlich fest, daß an Jugendliche unter 16 Jahre gar kein Alkohol ausgeschenkt werden darf und daß sie öffentliche Veranstaltungen nur bis 22 Uhr besuchen dürfen.

Damit ist meines Erachtens auch ein Rahmen für die Zumessungen der Eltern gegeben. Am Wochenende und während der Ferien sollte es gestattet sein, diese Möglichkeit auszuschöpfen, weil es wirklich den ganzen Abend verderben kann, wenn einer immer vorher seine Zelte abbrechen muß. Das kann schlimmer sein, als gar nicht zu dürfen. Alle sehen nämlich, daß Michael zu Hause noch kein volles Vertrauen genießt. Solche willkürlichen Einschränkungen durch die Eltern können tatsächlich zu einer Prestigefrage unter Gleichaltrigen werden. Ich meine, daß Zuverlässigkeit und Disziplin auch bei offiziellem Diskoschluß geprüft werden können. Beim abendlichen Fernsehen in der Familie oder bei Verwandtenbesuchen wird auch nicht genau auf die Uhr gesehen, insofern ist es kaum zu erklären, warum ausgerechnet bei der Disko so auf Ordnung geachtet wird.

Was bewegt nun die anderen Eltern, den Diskobesuch gar nicht zu gestatten? Im Brief von Heike kommen wir der Sache etwas näher. Die Eltern der heute Vierzehn- und Fünfzehnjährigen haben selbst keine so ausgeprägten Diskoerfahrungen in ihrer Jugendzeit machen können. Diskotheken sind noch ein sehr junger Sproß im Freizeitangebot. Früher gingen junge Leute vorwiegend in Gaststätten tanzen. Dazu brauchte man ein gewisses Alter, das frühestens bei 16 lag. Der Charakter von Jugendtanzveranstaltungen hat sich in den letzten Jahren grundlegend gewandelt, obwohl wir noch nicht überall mit dem Niveau zufrieden sein können. Dort, wo nur laute Musik gedudelt

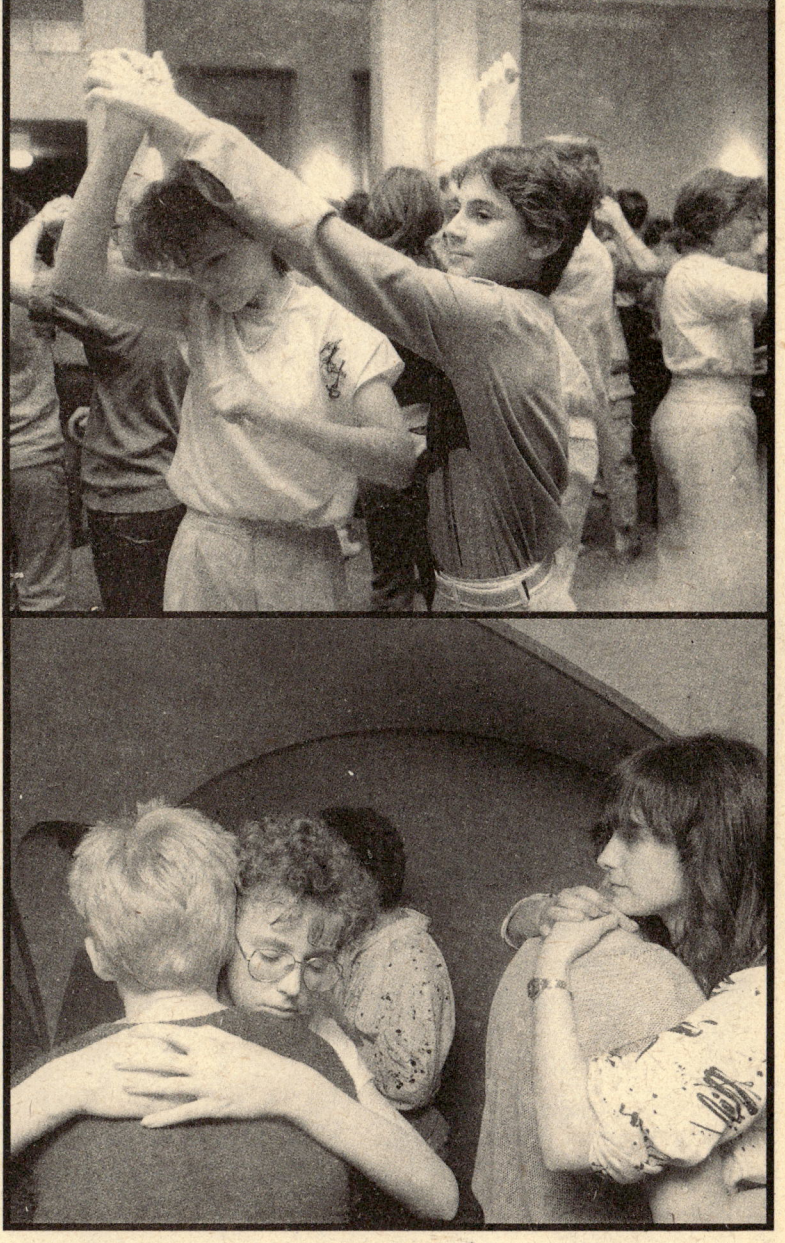

wird, daß man das eigene Wort nicht versteht und im Qualm von Zigaretten auch kaum noch einer zu sehen ist, scheinen mir die Einwände der Eltern nicht ganz unberechtigt. Nun können sich viele Jugendliche nicht aussuchen, in welche Diskothek sie gehen, da im Ort nur eine Möglichkeit existiert oder viele mit dem Stammpublikum bereits überfüllt sind. Aber leider nehmen sie auch völlig kritiklos hin, was geboten oder, besser gesagt, nicht geboten wird. Noch längst sind nicht alle Möglichkeiten erschlossen, die sich über einen gutfunktionierenden FDJ-Schulklub bieten, um auch die Schule öfter als zweimal im Jahr für eine Disko zu nutzen. Allerdings kommt es dabei auf die Findigkeit und das Engagement der Schüler selbst an. Vielen Mädchen und Jungen in Eurem Alter wäre aber damit geholfen, weil die Eltern zu einer Disko in diesem übersichtlichen Rahmen sicher mehr Zutrauen hätten.

Bestimmte Abneigungen gegen die Disko produziert Ihr aber auch selbst bei den Eltern, weil ausschließlich sie Euer einziges Freizeitinteresse ist. Wer außer Musikhören und Diskogehen weiter nichts mit sich anzufangen weiß, orientiert sich sehr einseitig.

Nun werden sicher andere Interessen nicht geweckt und gefördert, indem die Disko verboten wird. Ein solch übertriebener Drang nach Unterhaltung ist ein Anzeichen dafür, daß innerhalb der Familie zuwenig dafür getan wird, Hobbys auszubilden, bestimmte Interessen in gezielte Bahnen zu lenken und miteinander zu reden und etwas zu unternehmen. Wenn einer jeden Tag Zeit und Lust für die Disko hat, dann stimmt bei ihm selbst und in seinem Umfeld etwas nicht. Wer durch elterliche Verbote völlig von Diskobesuchen ausgeschlossen ist, wird um eine wichtige Erfahrung gebracht, die zum Erwachsenwerden dazugehört. Die Disko ist heute ein Feld, wo sehr genau das eigene Auftreten überprüft werden kann, wo Selbstsicherheit geübt wird, wo Kontakte zu jungen Leuten außerhalb des Klassenkollektivs zustande kommen, wo man überwiegend einen Freund oder eine Freundin findet. Hier lernt man es am praktischen Beispiel, zu differenzieren zwischen solchen, die übertreiben, aufdrehen und spinnen, und jenen, die sich völlig normal benehmen. Es ist gut, wenn die Eltern an solchen Beobachtungen Anteil nehmen und dabei helfen, eigene Maßstäbe zu finden. Und dann kann sich jeder in der Disko auch körperlich ein bißchen „austoben". Das braucht man in Eurem Alter. Wenn ein Diskobesuch gestattet wird, achtet ruhig ein bißchen auf Eure Kleidung. Feinmachen sollt Ihr Euch natürlich nicht, aber zu einem Klamottenball muß die Disko auch nicht gemacht werden. Eltern registrieren so etwas sehr genau und messen an Äußerlichkeiten das Niveau der Veranstaltung, die Ihr besucht.

Alle anderen Verführungen, die bei Vierzehnjährigen auf der Lauer liegen, wie Nikotin und Alkohol, können überall wirksam werden, wenn man sie nicht grundsätzlich für sich ablehnt. Dazu bedarf es nicht der Diskothek. Dafür könnt Ihr den Eltern selbst Beispiele zeigen. Überzeugen werdet Ihr sie aber vor allem durch Euch selbst, durch Euer zuverlässiges Verhalten im Alltag, durch eine anspruchsvolle Freizeitgestaltung, bei der die Disko eine Sache unter anderen ist.

Vom Jugendweihegeld selbst etwas kaufen?

Zu meiner Jugendweihe bekam ich von mehreren Verwandten Geldgeschenke. Ich möchte mir nun einen Kassettenrecorder dafür kaufen, aber meine Eltern haben bereits ein Sparbuch für mich eingerichtet und sind nicht bereit, etwas von meinem Geld abzuheben. Sie sind der Meinung, daß ich es später für andere Dinge nötiger brauche. Ich finde es unmöglich, daß ich jetzt, da alle vom Erwachsensein faseln, nicht mal über mein eigenes Geld verfügen darf. Sind meine Eltern überhaupt berechtigt, mein Geld zu verwahren?

Enrico, 14 Jahre

Lieber Enrico!

Klären wir zunächst die rechtliche Seite Deines Problems. Das Erziehungsrecht schließt ein, daß Mutter und Vater über die Verwendung von Geldbezügen und Geschenken in Deinem Interesse verfügen können. Wir wollen bei allem Erwachsensein und -werden nicht ganz die Tatsache aus dem Auge verlieren, daß Volljährigkeit, also die totale juristische Eigenständigkeit, erst mit dem 18. Geburtstag gegeben ist. Solange bleiben die Eltern die gesetzlichen Vertreter ihres Kindes, obwohl sich die rechtlichen Befugnisse eines Jugendlichen mit zunehmendem Alter immer mehr erweitern.

Du kannst unter 16 Jahren den Recorder auch nicht ohne Einverständnis der Eltern kaufen. Der Verkäufer kann das von Dir verlangen. Die Eltern können einen Kauf rückgängig machen. Um solchen Diskussionen aus dem Wege zu gehen, ist es vielleicht sogar besser, man legt vor der Jugendweihe gemeinsam fest, welche größere Anschaffung von den Geldgeschenken zur Jugendweihe gemacht wird. Oft schenken die Gäste dann auch gezielt für einen solchen Gegenstand, der eben ein Herzenswunsch war, aber für einen einzelnen doch zu teuer käme. Es wäre sehr ungerecht, würden die Eltern dann nach der Jugendweihe eigenmächtig entscheiden, daß das Geld doch lieber gespart werden sollte.

Ich kann nicht einschätzen, warum Deine Eltern nicht für einen Kassettenrecorder sind. Vielleicht befürchten sie, daß Du damit die ganze Familie beschallst und das Gerät den ganzen Tag rotiert. Vielleicht haben sie auch bereits die Erfahrung gemacht, daß Du manche Dinge nur besitzen willst, weil andere sie haben. Ein Kassettenrecorder ist nur dann sinnvoll, wenn man sich eine gute Auswahl von Bändern zulegt und selbst Aufnahmen macht. Prüfe auch mal, wie oft Du in der letzten Zeit unbedingt etwas haben wolltest, was dann bald in der Ecke herumstand. Ich denke, Du solltest solche Argumente selbst noch einmal ins Gespräch bringen und sie entkräften, indem Du Deinen Kaufwunsch besser begründest.

Das Geld zu sparen, garantiert Dir zwar in einigen Jahren auch noch Zinsen, aber ich verstehe, daß man von der Jugendweihe gern ein wertvolles Stück mit Erinnerungswert zurückbehalten möchte. Es ist bei allem Sinn für Sparsamkeit nicht zu befürworten, daß das Jugendweihegeld für allgemeine Anschaffungen, wie zum Beispiel Kleidung oder gar die Einrichtung einer späteren Wohnung, verwendet wird. Es sollte die Grundlage zum Weitersparen nur dann sein, wenn der Beschenkte das selbst so will. Ansonsten muß damit ein Wunsch erfüllt werden, der einen zeitlichen Bezug zur Jugendweihe hat. Ich finde, daß bei der Diskussion über die sinnvolle Verwendung des geschenkten Geldes doch in erster Linie die Vorstellungen von Sohn oder Tochter berücksichtigt werden sollten. Sinnvolle Verwendung schließt auch Freude an einem Gegenstand ein. Nicht alles, was Eltern für zweckmäßig und notwendig halten, muß einem Vierzehnjährigen gefallen.

Warum ist Rauchen schick?

Meine Eltern haben mich beim Rauchen erwischt. Sie waren sehr enttäuscht, daß ihr eigenes Vorbild so wenig gewirkt hat. Sie hatten es sich selbst vor einigen Jahren abgewöhnt. Als sie mich fragten, warum ich rauche, konnte ich es gar nicht so recht begründen. Es macht einfach Spaß, und andere tun es auch. Wir wohnen in einem Neubaugebiet. Da stehen wir Jugendlichen abends ein bißchen herum und quatschen. Na, und dann wird eben geraucht. Meine Eltern wollen mich nun unter allen Umständen vom Rauchen wieder abbringen und haben Maßnahmen angekündigt. Ich weiß nicht, ob das mit lauter Verboten klappt.

Theresa, 15 Jahre

Liebe Theresa!

Daß das Rauchen Deine Gesundheit und Leistungskraft angreift, wirst Du zur Genüge gehört haben. Leider ist es doch so, daß Beschwerden, die in etwa 10 oder 20 Jahren eintreten können, zu weit weg sind, um sie ernst zu nehmen. Solange sich ein jeder jung, frisch und leistungsfähig fühlt, glaubt keiner so recht, daß Rauchen wirklich schädlich ist. Aber es ist tatsächlich so, daß auf einen lungenkrebskranken Nichtraucher 7 Erkrankungen bei leichten Rauchern, 15 bei sogenannten Rauchern und 30 bei starken Rauchern kommen. Je eher einer mit dem Rauchen anfängt, um so früher muß er auch mit einem Herzinfarkt rechnen. Raucherinnen haben doppelt so häufig Früh- und Fehlgeburten wie Frauen, die nicht rauchen. Ständiges Rauchen schränkt auch die Zeugungsfähigkeit des Mannes ein, denn bereits nach fünfjährigem Nikotingenuß ist die Anzahl der Samenfäden erheblich weniger geworden.

Aber das alles ist mit 15 natürlich noch nicht wichtig. Darum nun noch eine Information über die Wirkung einer Zigarette, die sich gleich nach dem Rauchen einstellt: Bereits 5 bis 10 Minuten danach sinkt die Muskelkraft um 15 Prozent ihres anfänglichen Wertes. Fast die Hälfte al-

ler Mädchen verspüren danach Nervosität und Kopf-
schmerz.

Aber nun genug mit dem Horror. Solange Du eine gesunde, aktive und sportliche Lebensweise nicht bevor-
zugst, wirst Du das Rauchen trotzdem nicht lassen. Darum
stimme ich Dir zu, daß mit Verboten wenig auszurichten
ist, wenn zum Nichtrauchen keine Einstellung entsteht.

Du hast Umstände beschrieben, die Dich zum Rauchen
verführen. Sie sind typisch für die ersten Züge bei Jugendlichen. Geraucht wird meist zuerst in der Gruppe, einer
stiftet den anderen an. Oft schmeckt die Zigarette gar
nicht, aber keiner will sich ausschließen. Die Zigarette
gibt Sicherheit, man fühlt sich erwachsener. Mir scheint,
daß Mädchen seit einigen Jahren einen ungeheuren Hang
zu dieser Art der Selbstdarstellung entwickeln. Frauen
und Mädchen rauchen auffällig oft auf der Straße, an Hal-
testellen, mit einem Kleinkind an der Hand. Eine merkwür-
dige Art, schlechte Gewohnheiten der Männer zu übernehmen, um Gleichberechtigung zu demonstrieren.

Beobachte einmal andere Mädchen, ihre Gebärden, die
das Rauchen unterstreichen. Lässige Bewegungen und
gierige Züge machen sie wenig anziehend. In der Gruppe
werden sie meist auch nur als Kumpel angenommen. Der
Umgang mit ihnen ist derb und burschikos.

Ungehemmtes Rauchen hat also mächtigen Einfluß auf
das Verhalten, auf Deine Wirkung, die Du auf andere aus-
übst. Auffallen könntest Du jedenfalls mehr, wenn Du
nicht rauchst. Es ist durchaus nicht so, daß Du deswegen
um Anerkennung in der Gruppe fürchten mußt. Im Gegenteil, alle werden hinter Deiner Konsequenz Sportlich-
keit vermuten. Indem Du Dein Freizeitverhalten einmal etwas analysierst und Dir ein Programm machst, kannst Du
Dich selbst motivieren, weniger oder gar nicht mehr zu
rauchen. Du wirst mir zustimmen, daß das Anzünden
mancher Zigarette am Abend in der Gruppe auch Ausdruck augenblicklicher Langeweile ist. Beschäftigung, die

mit Bewegung verbunden ist, verhindert das Rauchen ganz automatisch. Habt Ihr schon mal daran gedacht, ein Tischtennis- oder Volleyballturnier zu organisieren oder auch andere Sportspiele, bei denen möglichst viele mitmachen können. Es bleibt auch zu fragen, warum Ihr stets draußen herumsteht? Ein Hausklub kann auch von Jugendlichen genutzt werden, beziehungsweise sie können sich bei seiner Einrichtung beteiligen. Dort Rauchverbot auszusprechen ist keine Schikane, sondern einfach eine Methode, den Zigarettenkonsum einzuschränken. Wer es unbedingt nicht lassen kann, muß eben rausgehen. Hast Du schon einmal am nächsten Morgen an Deinen Kleidungsstücken bis hin zur Unterwäsche gerochen, wenn Du in einem verqualmten Raum gesessen hast? Eklig, nicht wahr? Riecht wie Kneipe. Ein Grund mehr, das Rauchen in Klubräumen nicht zu gestatten.

Ebenso solltest Du verstehen, daß Deine Eltern als Nichtraucher abgestandenen Rauch in der Wohnung als sehr unangenehm empfinden. Rücksichtslosigkeit in solchen Fragen ist der erste Schritt, vom Malprobieren zum gewohnheitsmäßigen Rauchen zu kommen. Andererseits glaube ich, daß eine mit Wissen der Eltern gerauchte Zigarette den Reiz nimmt, es irgendwo heimlich ganz schnell und hastig und immer wieder zu tun.

Nicht daß Du jetzt denkst, ich bin dafür, bei rauchenden Jugendlichen das Taschengeld zu kürzen, um damit den Kauf von Zigaretten zu verhindern. So etwas führt nicht selten sogar zu Unehrlichkeit und richtet gegen das Rauchen gar nichts aus. Es ist eine bekannte Erfahrung, daß Trotzreaktionen wachsen, wenn es nur Verbote hagelt, Schimpfkanonaden abgelassen werden und fanatische Antiraucherpropaganda betrieben wird. Aber hast Du schon einmal nachgerechnet, welcher Betrag herauskäme, wenn man nur das Geld von 3 gerauchten Zigaretten je Tag sparen würde? Es kämen im Jahr 180 Mark zusammen. Und nun spinnen wir mal noch weiter: In einer

Gruppe von 10 Personen wären das im Jahr 1800 Mark. Was ließe sich damit in einem Hausklub anstellen?

Falls Dich meine Überlegungen jetzt doch zum Nachdenken angeregt haben, möchte ich Dir raten, mit Deinen Eltern ganz vernünftig zu sprechen. Schließlich könnten sie Dir am besten sagen, warum und wie sie sich vor einigen Jahren das Rauchen abgewöhnt haben. Dabei scheint mir das Warum entscheidend zu sein, denn ein Kampf gegen diese Gewohnheit kann nur erfolgreich sein, wenn man Nichtrauchen schick findet.

Den Freund mit nach oben nehmen?

Ich habe sehr gute Leistungen in der Schule und möchte einmal studieren. Ich bin FDJ-Sekretär meiner Klasse und Mitglied einer Singegruppe. Ich schreibe das nur, weil sich meine Eltern eigentlich nicht über mich beklagen können. Trotzdem gibt es neuerdings immer Theater, wenn ich meinen Freund mal mit nach oben bringen will. Mein Vater hielt mir vor, daß er das erstemal bei meiner Mutter war, als er wußte, daß er sie heiratet. Ist das nicht alles etwas sehr altmodisch?

Silke, 15 Jahre

Liebe Silke!

Ja, das Argument Deines Vaters ist wirklich etwas verstaubt, und es ist auch kaum vorstellbar, daß in der Jugendzeit Deines Vaters noch derartige moralische Grundsätze gültig waren. Das liegt mindestens noch ein bis zwei Generationen weiter zurück, daß ein Vorstellen zu Hause einem Heiratsversprechen gleichkam. Aber moralische

Prinzipien sind bekanntlich recht zählebig. So kann sich auch bei uns noch einiges in der elterlichen Erziehung halten und von Generation zu Generation weitergereicht werden, was längst nicht mehr zeitgemäß ist. Es mutet geradezu widersinnig an, daß ein zwangloses Zusammensein, ein gegenseitiges Besuchen von Mädchen und Jungen untersagt wird, obwohl sie von Kindesbeinen an zusammen aufwachsen, zusammen spielen und lernen.

Wer solche Gemeinsamkeit schon in der Kinderzeit fördert, wird nichts Besonderes dabei finden, wenn die Kontakte dann mit zunehmendem Alter auch etwas persönlicher werden. Zu Geburtstagsfeiern und anderen kleinen Festen sollten meines Erachtens grundsätzlich Mädchen und Jungen eingeladen werden. Es ist zu beobachten, daß diese ungezwungene Offenheit in Familien mit mehreren Kindern leichter fällt als bei Einzelkindern. Hier glauben Eltern immer, durch Abwenden und Verbieten besser behüten zu können. Ebenso wird mehr das Urteil anderer Leute gefürchtet, die es vielleicht nicht schicklich finden, wenn ein junges Mädchen „Herrenbesuch" bekommt.

Vielleicht solltest Du über solch eine grundsätzliche Einstellung zu Deinem Anliegen öfter mit dem Vater reden, als lediglich zu beteuern, daß zwischen Euch in der Wohnung nichts „passiert". Die Besuche, die sich Mädchen und Jungen gegenseitig abstatten, sind wirklich ohne Vorurteile zu betrachten. Sie finden bereits in einem Alter statt, wo an Hochzeit noch nicht gedacht wird. Darum sollte aus einem Besuch auch niemals ein Staatsakt gemacht werden. Übertriebene Freundlichkeit, aufgezwungene Gespräche und gemeinsames Sitzen am Abendbrottisch nehmen jungen Leuten die Unbefangenheit, mit der sie erste Freundschafts- und Liebesbeziehungen erleben.

Ein Vorstellen in dem Sinne, wie man es aus alten Filmen kennt, wird es wohl bei uns kaum noch geben. Meist kennen die Eltern Freund oder Freundin schon lange genug, um sich ein Urteil zu bilden.

Meine deutliche Ablehnung vom Zeremoniell beim „Einführen" eines Freundes in die Familie soll nicht bedeuten, daß man jeden flüchtigen Bekannten gleich mit nach oben nehmen und die Wohnung ein Bienenhaus wird, in das jeder ein- und ausfliegen kann. Es gehört zum guten Ton in der Familie, daß man Bescheid sagt, wer wann kommt. Und noch etwas. Die Ungezwungenheit eines Wohnungsbesuches kann nicht bedeuten, daß alle Regeln der Höflichkeit verletzt werden. Ein freundlicher Gruß beim Kommen und Gehen wirkt auf die Eltern meist besser als jede Diskussion. Wenn Du Deinem Vater vielleicht noch sagen könntest, womit Ihr Euch beschäftigen wollt, sieht er bestimmt auch bald ein, daß in einer auf die Straße verbannten Liebe oft schneller übereilte Entscheidungen getroffen werden als in einer Partnerschaft, die sich ohne Zwänge im Elternhaus entwickeln kann.

★ Nun ist Schluß. Sicher gäbe es noch viel zu fragen und zu sagen. Vielleicht war gerade Dein Problem nicht dabei. Dann schreibe es auf, damit ich es für die Vierzehnjährigen der nächsten Jahre berücksichtigen kann. Ihr seid dann selbst schon die Älteren, die aus Erfahrung gute Ratschläge geben können. Das kann aber nur dann so sein, wenn Ihr die Zeit des Reifens in guter Erinnerung behaltet, weil Ihr Euch mit all ihren Widersprüchen auseinandergesetzt und Euch nicht jeder schlechten Laune ergeben habt.

Kaum einer wird später sagen, daß er noch einmal 14 sein will. Das hieße ja auch, sein Leben zurückzudrehen, etwas nachholen zu müssen, nicht richtig gelebt zu haben. Jeder Lebensabschnitt hat seine Besonderheiten, und es ist richtig, sich auf das zu freuen, was kommt. Es wäre mir jedoch eine Freude, würde es vielleicht auch mit Hilfe dieses Buches gelingen, die Zeit vor und nach dem 14. Geburtstag als eine schöne und aktive Lebensphase zu gestalten.

Vom Spaß und vom Nachdenklichen erzählten auch die Fotos. Ein Jahr lang begleitete der Fotograf eine 8. Klasse einer Berliner Oberschule. Und vielleicht habt Ihr Euch in der einen oder anderen Situation wiedererkannt, habt beim Lesen und Schauen gedacht, das könnte ja ich sein.

Autorin, Fotograf und Verlag danken den Schülern der Klasse 8a (Schuljahr 1985/86) der 37. Oberschule Berlin-Lichtenberg sowie den Eltern und Lehrern für die freundliche Unterstützung beim Fotografieren.